U0666739

石經文獻集成
虞萬里 主編

王天然 編著

蜀石經集存

春秋經傳集解

圖版目録

春秋經傳集解卷十五

春秋經傳集解卷十五

襄公二

春秋經傳集解卷二十

宋拓蜀石經左傳第十五

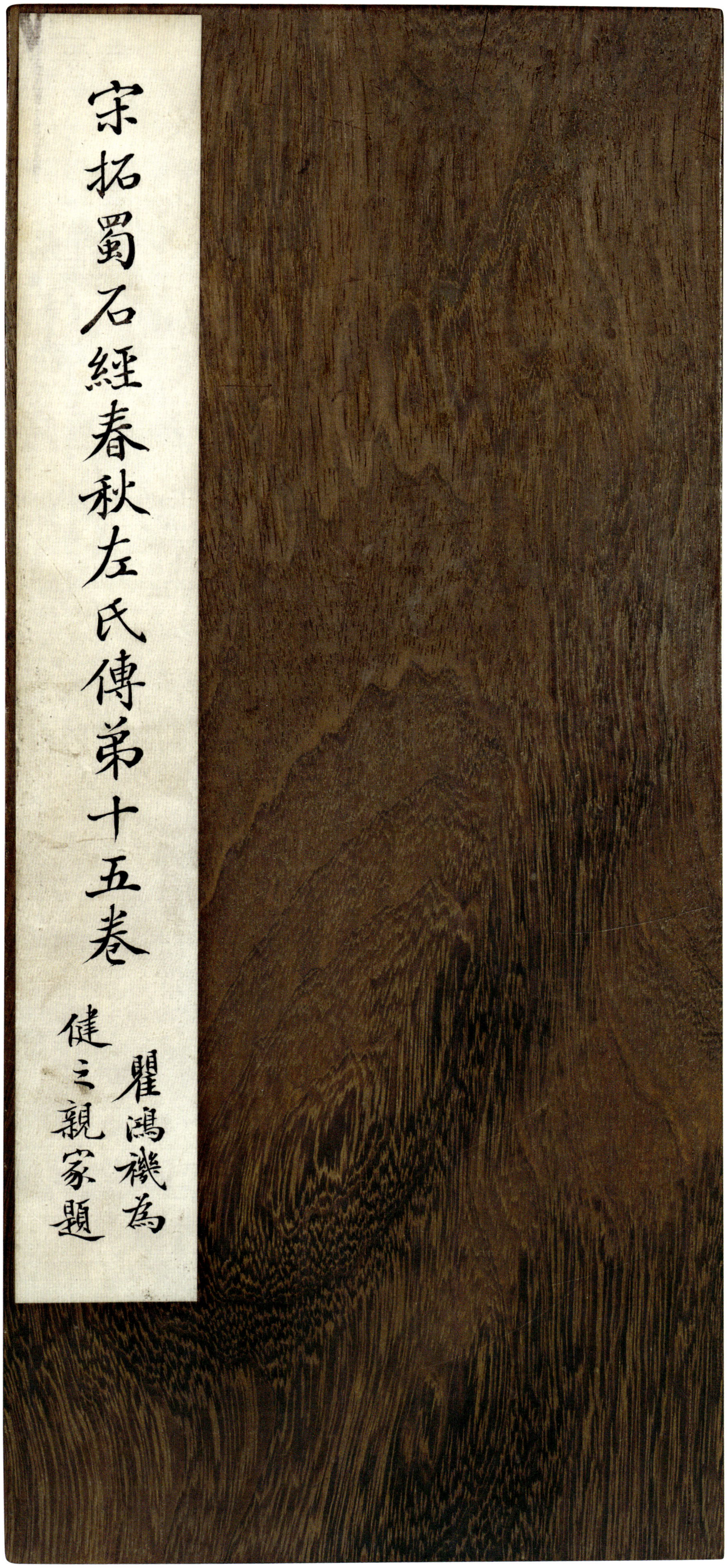
宋拓蜀石經春秋左氏傳第十五卷
瞿鴻禨為
健三親家題

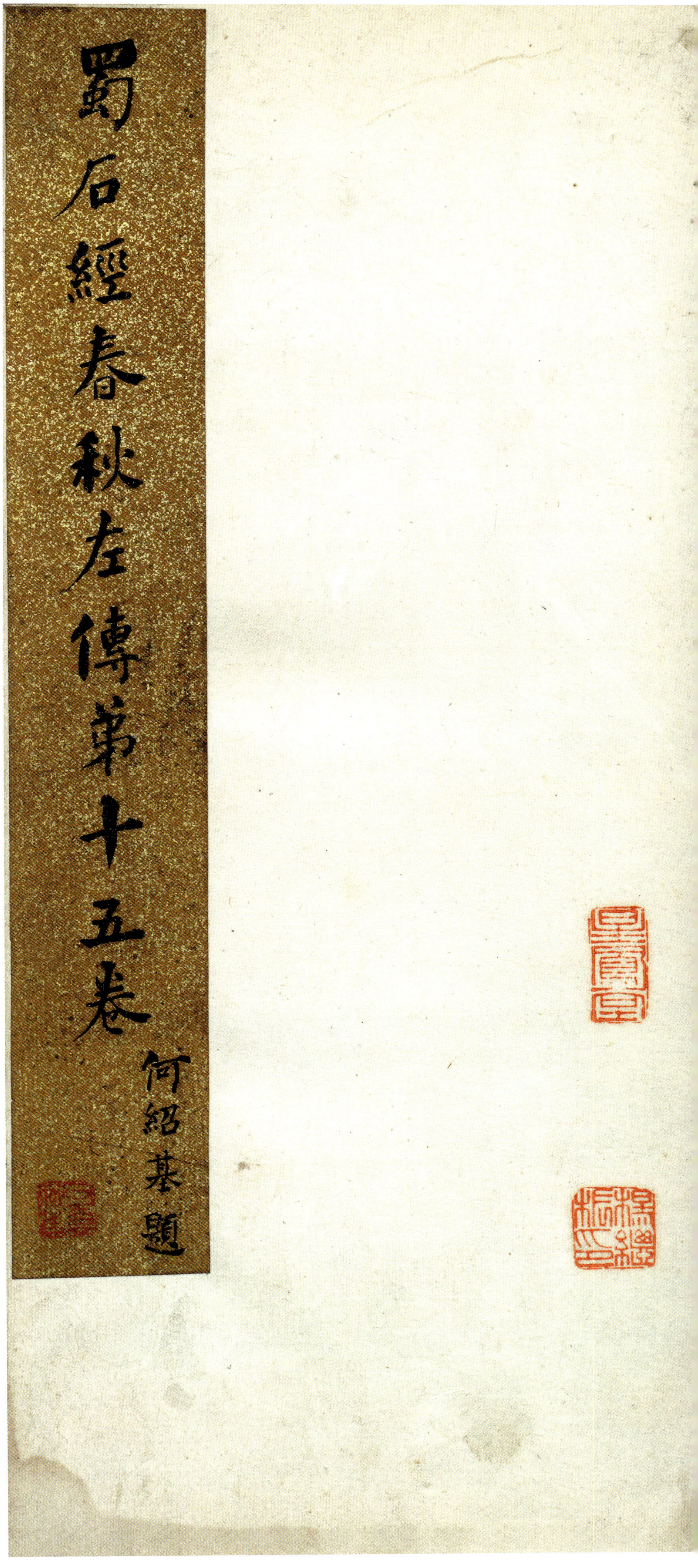
蜀石經春秋左傳第十五卷
何紹基題

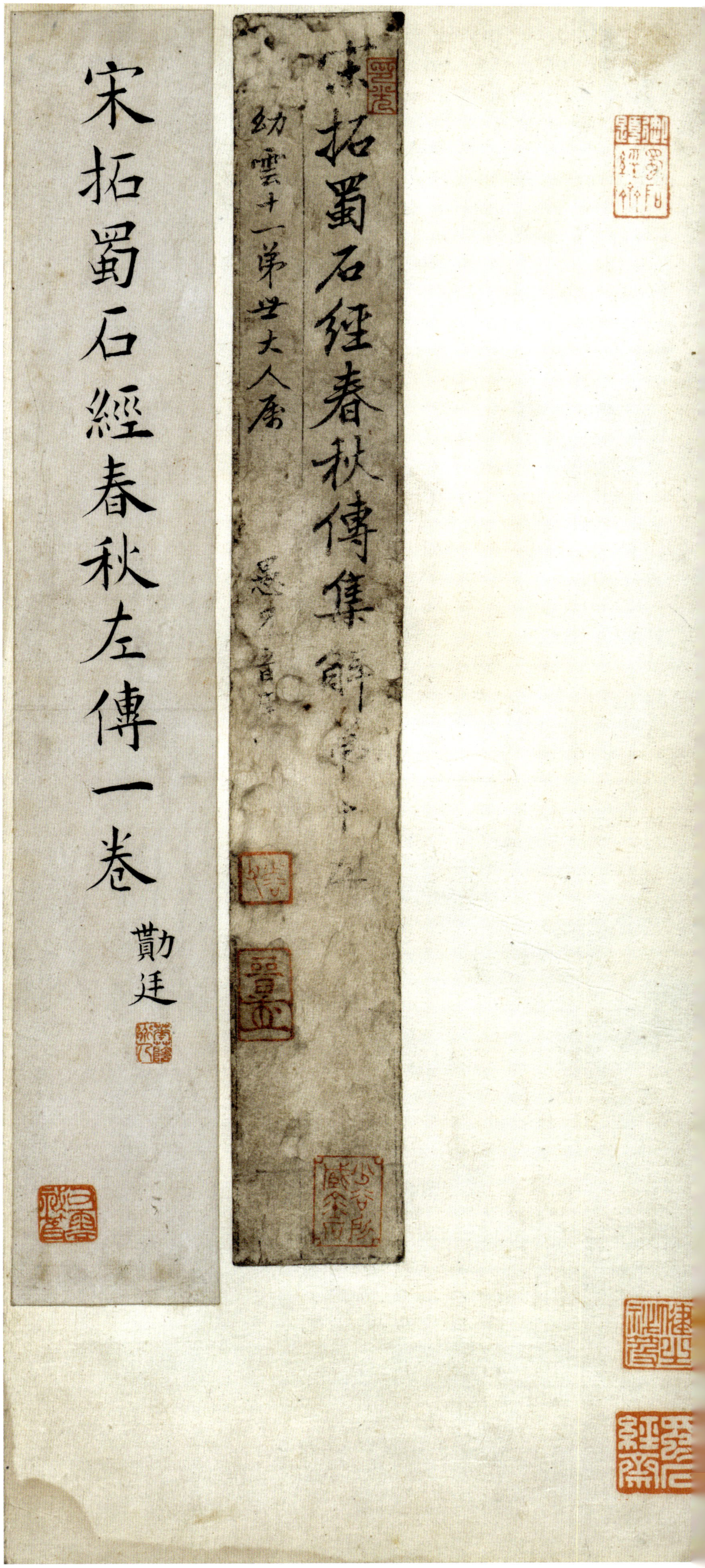
宋拓蜀石經春秋左傳一卷
宋拓蜀石經春秋傳集解
幼雲十一弟世大人屬

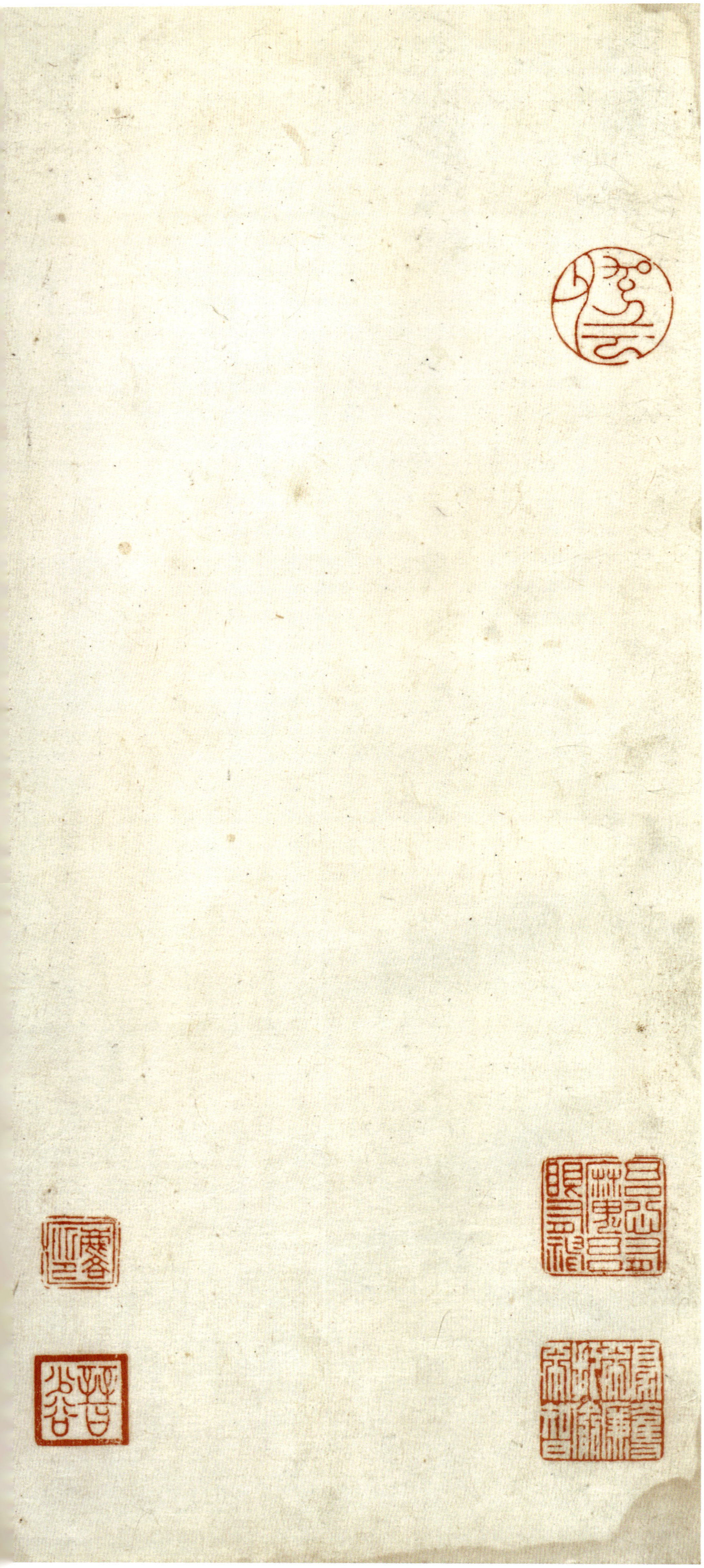

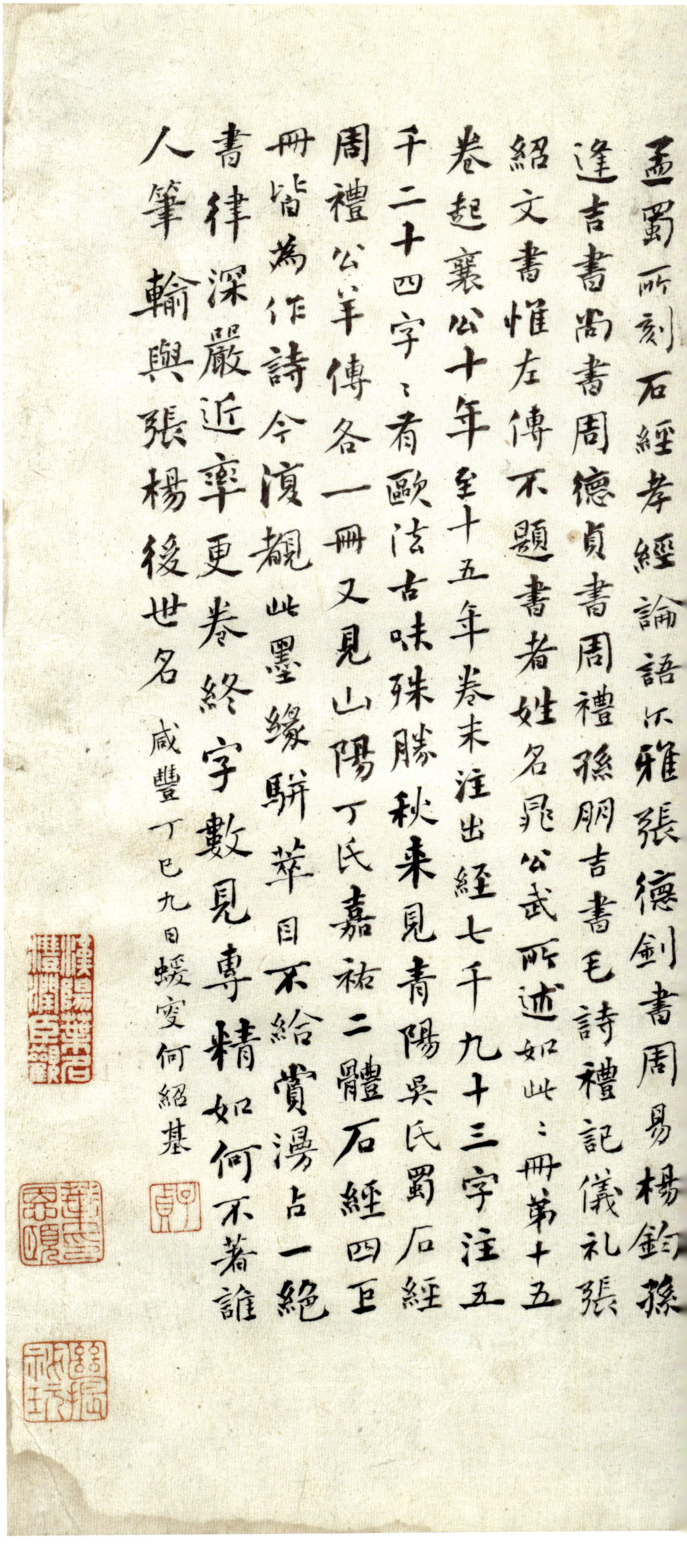
孟蜀所刻石經孝經論語爾雅張德釗書周易楊鈞孫
逢吉書尚書周德貞書周禮孫朋吉書毛詩禮記儀礼張
紹文書惟左傳不題書者姓名晁公武所述如此〻冊第十五
卷起襄公十年至十五年卷末注出經七千九十三字注五
千二十四字〻有歐法古味殊勝秋来見青陽吳氏蜀石經
周禮公羊傳各一冊又見山陽丁氏嘉祐二體石經四巨
冊皆為作詩今復覩此墨緣駢萃目不給賞漫占一絕
書律深嚴近率更卷終字數見專精如何不著誰
人筆輸與張楊後世名
咸豐丁巳九日蝯叟何紹基

蜀石经齋圖
癸丑暮春為
健之先生鑒正
西津顧麟士

蜀石經齋記

往在余宰青神門人陳夢昭示余蜀石經尚書凡三十六字後歷八年之久窮搜博訪求片石殘文卒不可得及余改官甘肅以事至蘭州得見葉蘭裳學使座上有以蜀石經左傳一大巨冊求售者索價甚高蘭裳既堅持之余亦易之直中斷而去戊午之秋廬江 劉君健之

為余乞伊手藏蜀石經左傳周禮公羊穀梁殘卷都經注四萬六千餘言翌日出行篋中左傳於永明蘭州所見此物也是冊起襄公十年訖十五年為卷第十五為葉五十三又半為字經七千九十三注五千二十四曾宏父石刻鋪敘謂蜀石經左傳三十卷蜀鐫至十七卷而止今此十五卷蓋猶廣政間舊刻也他經皆著書人姓名而此獨不署亦無年

月可徵，且其中唐諱文邕缺，論者或焉。不知蜀經並依太和舊本，左傳一經蓋取原搨上石，故唐諱仍舊，而蜀諱則止減其一畫以避之。觀其不若書人審知其為太和原本無疑也。公羊穀梁乃宋時補刻，不得謂之蜀經。健之獨取蜀石經三字以名其齋者，蓋以左傳周禮二巨冊言之，從其重也。周禮凡三卷，都九十七葉半，公羊殘卷十九葉，穀梁殘卷九葉弍。至季當中

原多有之秘典奇文物掃地殆盡蜀擾偏僻之地
容號四十餘年獨能以兵革餘暇與其諸士大夫研理習
藝演迪宗風莊子曰去國期年見似人者而喜況夫處
今之世而猶有夢之服屑也乎哉 健之去其為喜不更可知
乎烏虖古物之銷亡久矣其不幸而殘賊於屠夫俗子輩者之
手者不知凡幾即幸而託之有其人藏之得其所而遭时

多故水火之災兵戈盜賊之禍歷年愈遠則傳世愈稀其
僅而存者又或子孫視之不甚愛惜一再傳而後杳焉
不復知其何屬與何往皆是也夫人與物特一時之所寄
而聖人之於天下高士之於一身烈夫之於名庸人之於利
乎雖其狀不可殫形態所寄之各不同而物之相需而至
於一若無任其人之自爲取携以蜀綦薦帶之不能强以

於喻也健之持文者古蹟其 先公文莊之後治蜀有政
聲石經之獲其或者天以蜀人之故物報我使君而 君亦
以不忘蜀人之故矜寵而珍異之以答天之厚貺與不然者以
手辛厥勞之餘者人之所不經見者一旦而 君乃獨得之其為
難能而可貴何如也語曰物常聚於所好 君篤進步以更
求所謂十經者又惡知天之不愛發其藏以厭 君之意也

戊午重陽後一日新城王樹枏識于宣南之君子長生館

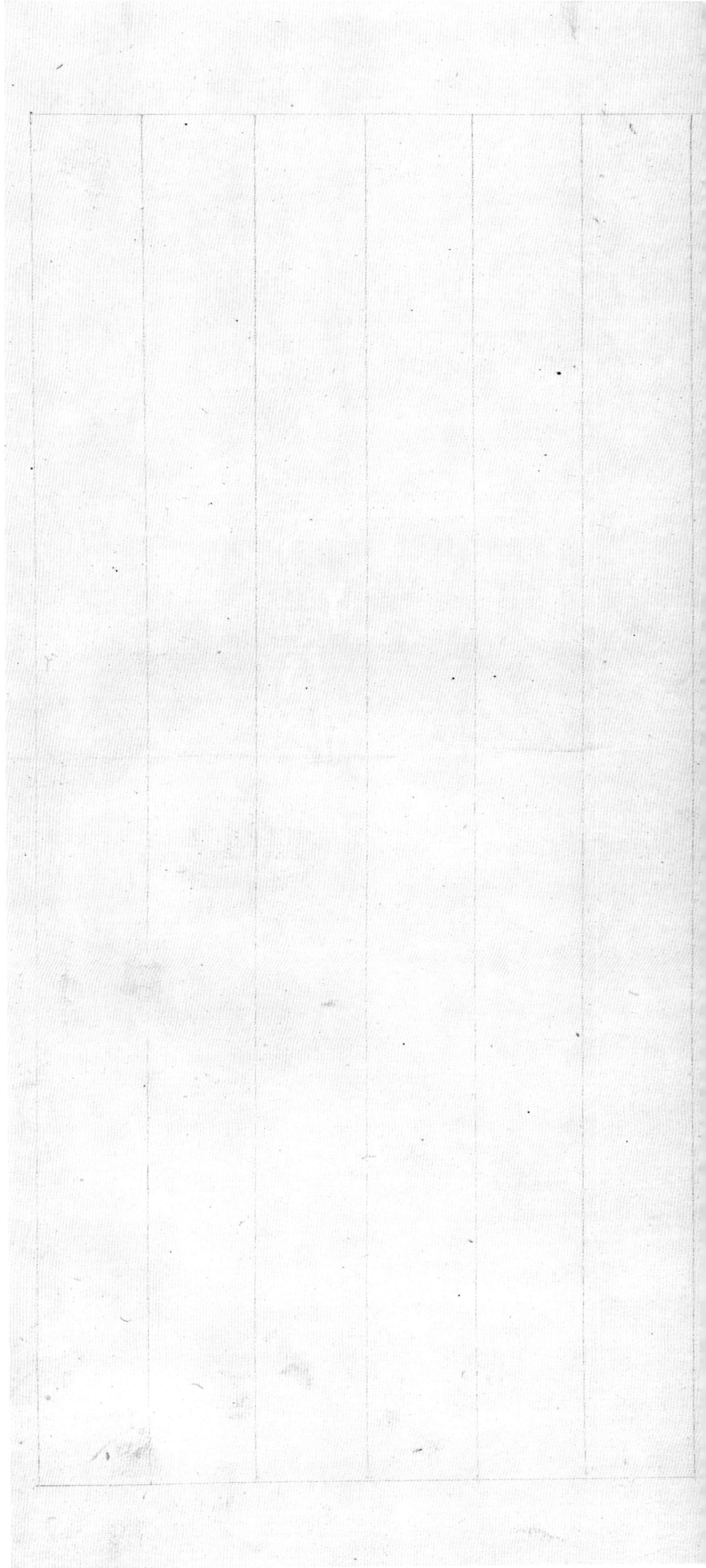

宋拓蜀石
經春秋左

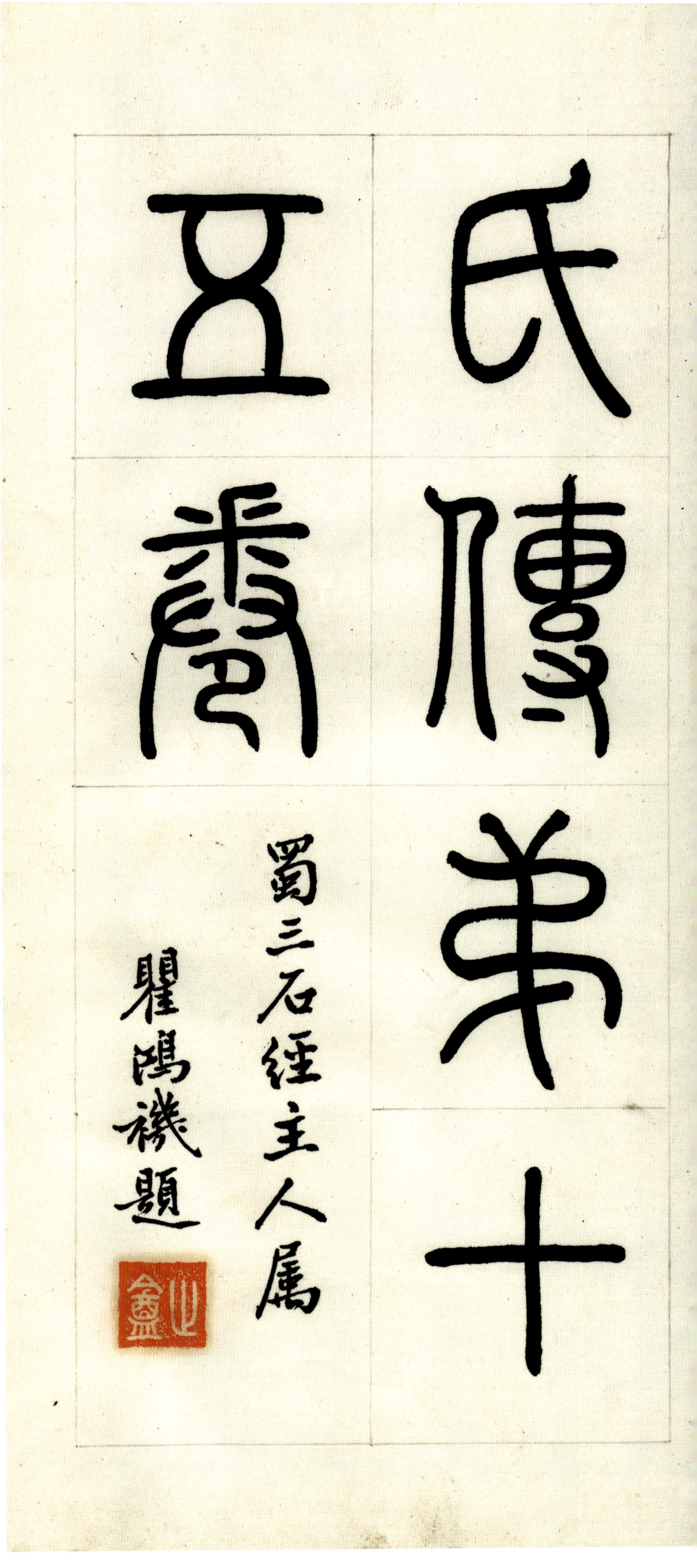
氏傳第十
五卷
蜀三石經主人屬
瞿鴻禨題

春秋經傳集解襄二第十五

杜氏　盡十五年

經十年春公會晉侯宋公衞侯曹伯

莒子邾子滕子薛伯杞伯小邾子齊

世子光會吳于柤吳子在柤晉以諸侯往會之故曰會吳吳不稱子從

所稱也柤楚地夏五月甲午遂滅偪陽偪陽妘姓國今彭城

傳陽縣也因相會而滅之故曰遂公至自會楚公子貞
鄭公孫輒帥師伐宋晉師伐秦荀罃不書不親
兵秋莒人伐我東鄙公會晉侯宋公
之衛侯曹伯莒子邾子齊世子光滕子
薛伯杞伯小邾子伐鄭齊世子光先至於師爲盟主所尊故
在滕上冬盜殺鄭公子騑公子發公孫輒

非國討當兩稱名氏殺者非卿故稱盜以盜爲文故不得言其大夫戍鄭虎牢伐鄭諸侯各受晉命戍虎牢不復爲告命故獨書魯戍而不敘諸侯楚公子貞帥師救鄭公至自伐鄭無傳

傳十年春會于柤會吳子壽夢也壽夢吳子乘三月癸丑齊高厚相大子光以先會諸侯于鍾離不敬吳子未至光從東道與東諸侯會遇非本期也

故不書會高厚高固子也癸丑月二十六日士莊子曰高子相大
子以會諸侯將社稷是衛而皆不敬
厚與光俱不敬棄社稷也其將不免乎爲十九年齊殺高厚
二十五年弑其君光傳夏四月戊午會于相經書春書始行也戊
午月一日晉荀偃士匄請伐偪陽而封宋向
戌焉以宋常事晉而向戌有賢行故欲封之為附庸荀罃曰城小而

固勝之不武弗勝爲笑固請丙寅圍之弗克〔丙寅四月九日〕孟氏之臣秦堇父輦重如役〔堇父孟獻子家臣步挽重車以從師〕偪陽人啓門諸侯之士門焉〔見門開故攻之〕縣門發郰人紇抉之以出門者〔門者諸侯之士在門内者也紇郰邑大夫仲尼父叔梁紇也郰邑魯縣東南莝城是也言紇多力抉舉縣門出在内者〕狄虒彌建大車之輪而

蒙之以甲以為櫓狄虎彌魯人也蒙覆也櫓大楯左執之右拔戟以成一隊百人為隊孟獻子曰詩所謂有力如虎者也詩邶風也主人縣布堇父登之及堞而絕之偪陽人縣布以試外勇者隊則又縣之蘇而復上者三主人辭焉乃退主人帶其斷以徇於軍三日帶其嘉其勇故辭謝不復縣布

斷布以示勇諸侯之師久於偪陽荀偃士匄
請於荀罃曰水潦將降懼不能歸□向夏
恐有久雨從丙寅至庚寅二十五日故曰久請班師班還也知伯怒知伯
荀罃投之以机出於其間出偃匄之間曰女成
二事而後告余二事伐偪陽封向戍余恐亂命以
不女違既成改之爲亂命女既勤君而興諸侯

牽帥老夫以至于此既無武守〔無武功可執守〕而又欲易余罪曰是實班師不然克矣〔謂偃匃將言爾〕余羸老也可重任乎〔不任受女此責〕七日不克必爾乎取之〔言當取女以謝不克之罪〕五月庚寅〔月四日〕荀偃士匃帥卒攻偪陽親受矢石〔躬在矢石間〕甲午滅之〔月八日〕書曰遂滅偪陽

言自會也言其因會以滅國非之也以與向戌向戌辭
曰君若猶辱鎮撫宋國而以偪陽光
啓寡君羣臣安矣其何貺如之言見賜之厚無
過此若專賜臣是臣興諸侯以自封也
其何罪大焉敢以死請乃予宋公宋
公享晉侯於楚丘請以桑林桑林殷天子之樂名

荀罃辭辭讓荀偃士匄曰諸侯宋魯
於是觀禮宋王者後魯以周公故皆用天子禮樂故可觀魯有禘樂
賓祭用之禘三年大祭則作四代之樂別祭羣公則用諸侯樂宋以桑
林享君不亦可乎言俱天子樂也舞師題以旌
夏師帥也旌夏大旌也題識也以大旌表識其行列晉侯懼而退入
于房旌夏非常卒見之人心惕有所畏去旌卒享而還及著

雍疾（晉侯疾也　著雍晉地）卜桑林見（祟見於卜兆）荀偃士匄欲奔請禱焉（奔走還宋禱謝）荀罃不可曰我辭禮矣彼則以之（以用也）猶有鬼神於彼加之（言自當加罪於宋）晉侯有間（間疾差也）以偪陽子歸獻于武宮謂之夷俘（諱俘中國故謂之夷）偪陽妘姓也使周内史選其族嗣納諸霍

人禮也霍晉邑內史掌爵祿廢置者使選偪陽宗族賢者令居霍奉妘姓之祀善不滅姓故曰禮也使周史者示有王命師歸孟獻子以秦堇父爲右嘉其勇力生秦丕茲事仲尼言二父以力相尚子事仲尼以德相高六月楚子囊鄭子耳伐宋師于訾毋宋地庚午圍宋門于桐門不成圍而攻其城門晉荀罃伐秦報其侵也侵在九年衛侯救宋師

于襄牛鄭子展曰必伐衞不然是不
與楚也得罪於晉又得罪於楚國將
若之何子駟曰國病矣師數出疲病也子展曰
得罪於二大國必亡病不猶愈於亡
乎諸大夫皆以爲然故鄭皇耳帥師
侵衞楚令也亦兼受楚之勑命也皇耳皇戌子孫文子卜

追之獻兆於定姜姜氏問繇繇兆辭曰兆
如山陵有夫出征而喪其雄姜氏曰
征者喪雄禦寇之利也大夫圖之衛
人追之孫蒯獲鄭皇耳于犬丘蒯孫林父子
秋七月楚子囊鄭子耳侵我西鄙於曾
還圍蕭八月丙寅克之蕭宋
無所恥諱而不
書其義未聞

邑九月子耳侵宋北鄙孟獻子曰鄭其
有災乎師競已甚競爭競也周猶不堪競況
鄭乎周謂天王有災其執政之三士乎鄭簡公幼少子
駟子國子耳秉政故知三士任其禍也爲下盜殺三大夫傳莒人間諸侯之
有事也故伐我東鄙諸侯有討鄭之事諸侯伐
鄭齊崔杼使大子光先至于師故長

於滕太子宜賓之以上卿而令晉悼以一時之宜令在滕侯上故傳從而釋之己酉師

于牛首鄭地初子駟與尉止有爭將禦

諸侯之師而黜其車禦牛首師也黜減損尉止獲

又與之爭獲囚俘子駟抑尉止曰爾車非

禮也言女車猶多過制遂弗使獻不使獻所獲初子駟

爲田洫司氏堵氏侯氏子師氏皆喪

田焉洫田畔溝也子駟爲田洫以正封疆而侵四族田故五族聚羣
不逞之人因公子之徒以作亂八年子駟所殺
公子熙等之黨於是子駟當國攝君事也子國爲司馬
子耳爲司空子孔爲司徒冬十月戊
辰尉止司臣侯晉堵女父子師僕帥
賊以入晨攻執政于西宮之朝公宮殺

子駟子國子耳劫鄭伯以如北宮子孔知之故不死（子孔公子嘉也知而不告利得其處也為十九年殺公子嘉傳）書曰盜言無大夫焉（尉止等五人皆士也大夫謂卿）子西聞盜不儆而出（子西公孫夏子駟子）尸而追盜（先臨尸而逐賊）盜入於北宮乃歸授甲臣妾多逃器用多喪子產聞盜（子國子）為門者（置門）

庀羣司（具也官）閉府庫慎閉藏完守備成
列而後出兵車十七乘（千二百七十五人）而
攻盜於北宮子蟜帥國人助之殺尉
止子師僕盜衆盡死侯晉奔晉堵女
父司臣尉翩司齊奔宋（尉翩尉止子司齊司臣子）子孔
當國（代子駟）爲載書以位序聽政辟（自羣卿諸司各）

守其職位以受執政之法不得與朝政大夫諸司門子弗順將
誅之子孔欲誅不順者子產止之請爲之焚書
旣止子孔又勸令燒除載書子孔不可曰爲書以定國
衆怒而焚之是衆爲政也國不亦難
乎難以至治子產曰衆怒難犯專欲難成合
二難以安國危之道也不如焚書以

安衆子得所欲（欲為政也）衆亦得安不亦可乎專欲無成犯衆興禍子必從之乃焚書於倉門之外衆而後定（不於朝內燒欲使遠近見所燒）諸侯之師城虎牢而戍之晉師城梧及制（欲以偪鄭也不書城魯不與也梧制皆鄭舊地）士魴魏絳戍之書曰戍鄭虎牢非鄭地也言將歸

焉二年晉城虎牢而居之今鄭復叛故脩其城而置戍鄭服則欲以還鄭故夫子追書繫之于鄭以見晉志鄭及晉平楚子囊救鄭十一月諸侯之師還鄭而南至于陽陵還遶鄭也陽陵鄭地楚師不退知武子欲退曰今我逃楚楚必驕驕則可與戰矣武子荀罃欒黶曰逃楚晉之恥也合諸侯以益恥不如

死我將獨進師遂進己亥與楚師夾潁而軍潁水出城陽至下蔡入淮子蟜曰諸侯既有成行必不戰矣言有成志從之將退不從亦退從猶服也退楚必圍我猶將退也不如從楚亦以退之從楚宵涉潁與楚人盟夜度畏晉知之欒黶欲伐鄭師代出桐者荀罃不可曰

我實不能禦楚又不能庇鄭鄭何罪
不如致怨焉而還致怨為後伐之今伐其師
楚必救之戰而不克為諸侯笑克不
可命勝負難要不可命以必克不如還也丁未諸侯之
師還侵鄭北鄙而歸欲以致怨楚人亦還
王叔陳生與伯輿爭政二子王卿士王右
之說

伯輿右助也王叔陳生怒而出奔及河王復之欲奔晉殺史狡以說焉說王叔也不入遂處之處叔河上晉侯使士匄平王室王叔與伯輿訟焉爭曲直王叔之宰宰家臣與伯輿之大夫瑕禽瑕禽伯輿屬大夫坐獄於王庭獄訟也周禮命夫命婦不躬坐獄訟故使宰與屬大夫對爭曲直士匄聽之王叔之宰

曰篳門閨竇之人而皆陵其上其難爲上矣篳門柴門閨竇小戶穿壁爲戶上銳下方狀如圭也言伯輿微賤之家瑕禽曰昔平王東遷吾七姓從王牲用備具王賴之而賜之騂旄之盟平王徙時大臣從者有七姓伯輿之祖皆在其中主爲王備犧牲共祭祀王恃其用故與之盟使世守其職騂旄赤牛也舉騂旄者言得重盟不以犬雞曰世世無失職若篳門閨竇

其能來東底乎且王何賴焉言我若貧賤何能來東使王恃其用而與之盟邪底至也今自王叔之相也政以賄成隨賄制政而刑放於寵寵臣專刑不由王法官之師旅不勝其富師旅之長皆受賂吾能無篳門閨竇乎言王叔之屬富故使吾貧唯大國圖之圖猶議也下而無直則何謂正矣王者不大范宣子曰

天子所右寡君亦右之所左亦左之
宣子知伯輿直不欲自專故推之於王使王叔氏與伯輿合要合要辭
王叔氏不能舉其契要契之辭王叔奔晉
不書不告也單靖公為卿士以相王
室代王叔
經十有一年春王正月作三軍增立中軍[illegible]

（千五百公爲軍）夏四月四卜郊不從乃不郊鄭公孫舍之帥師侵宋公會晉侯宋公衛侯曹伯齊世子光莒子邾子滕子薛伯杞伯小邾子伐鄭（世子光至[illegible][illegible]莒子之先故[illegible]惇亦進之）秋七月己未同盟于亳城北（亳城鄭地伐鄭而書同盟鄭與盟可知）公至自伐鄭（[illegible]）楚子鄭伯伐

宋公會晉侯宋公衛侯曹伯齊世子
光莒子邾子滕子薛伯杞伯小邾子
伐鄭晉遂尊光會于蕭魚鄭服而諸侯會蕭魚鄭地公至自
會無侍以會至者觀兵而不果侵伐楚人執鄭行人良霄
良霄公孫輒子伯有也冬秦人伐晉
傳十一年春季武子將作三軍曾本無中軍唯

上下三軍皆屬於公有事三卿更帥以征伐季氏欲專其民人故假立中軍因以改作告叔孫穆子曰請爲三軍各征其軍征賦稅也三家各征其軍之家屬穆子曰政將及子子必不能政者霸國之政令禮大國三軍魯次國而爲大國之制貢賦必重故憂不能堪武子固請之穆子曰然則盟諸穆子知季氏將復變易故盟之乃盟諸僖閎僖宮之門詛諸五父之衢五父衢道名在魯國東南詛以禍福之言相要

正月作三軍三分公室而各有其一 三分國民衆 三子各毀其乘 壞其軍乘分以足成三軍 季氏使其乘之人以其役邑入者無征 使甲乘之人率其邑役入季氏者無公征 不入者倍征 不入季氏者則使公家倍征之設利病欲駈使入己故昭五年傳曰季氏盡征之臣辟倍征故盡屬季氏 孟氏使半爲臣若子若弟 取其子弟之半也四分其乘之人以三歸公而取其一 叔孫氏使

盡爲臣盡取子弟以其父兄歸公不然不舍制軍分臣不如是則三家不舍

其故石改作也此蓋三家盟詛之本言鄭人患晉楚之故諸大

夫曰不從晉國幾亡幾近也楚弱於晉晉

不吾疾也疾急也晉疾楚將辟之何爲而

使晉師致死於我二字當作何計楚弗敢敵而

後可固與也附與晉也子展曰與宋爲惡諸

侯必至吾從之盟楚師至吾又從之則晉怒甚矣晉能驟來楚將不能吾乃固與晉大夫說之使疆埸之司惡於宋使守疆埸之吏侵犯宋宋向戌侵鄭大獲子展曰師而伐宋可矣若我伐宋諸侯之伐我必疾吾乃聽命焉且告於楚楚

師至吾又與之盟而重賂晉師乃免
矣言如此乃免於晉楚之難夏鄭子展侵宋欲以致諸侯四月
諸侯伐鄭己亥齊大子光宋向戌先
至于鄭門于東門伸粹齊大子光所以序莒上也向戌不書宋公在會故
其莫晉荀罃至于西郊東侵舊許許[illegible]
舊國鄭[illegible]邑衛孫林父侵其北鄙六月諸侯

會于北林師于向向地在潁川長社縣東北右還次
瑣北行而西爲右還瑣滎陽宛陵縣西有瑣侯亭圍鄭觀兵于南門
觀示也西濟于濟隧濟隧水名鄭人懼乃行成秋
七月同盟于亳范宣子曰不慎必失
諸侯愼敬威儀謹辭令諸侯道敝而無成能無
貳乎數伐鄭皆罷於道路乃盟載書曰凡我同盟

毋薀年薀積年穀而不分災毋壅利專山川之利毋保姦藏罪人毋留慝速去惡救災患恤禍亂同好惡奬王室奬助也或閒茲命司慎司盟名山名川二司天神羣神羣祀羣祀在祀典者先王先公先王諸侯之大祖宋祖帝乙鄭祖厲王之比也先公始封君七姓十二國之祖七姓晉魯衛鄭曹滕姬姓邾小邾曹姓宋子姓齊姜姓莒己姓杞姒姓薛任姓實十二國言十

二誤也明神殛之殛誅也俾失其民隊命亡氏踣其國家踣斃也楚子囊乞旅于秦乞師旅於秦秦右大夫詹帥師從楚子將以伐鄭鄭伯逆之丙子伐宋鄭逆服故更伐宋也秦師不書不與伐宋而還九月諸侯悉師以復伐鄭此夏諸侯皆復來故曰悉師鄭人使良霄大宰石㚟如楚告將

服于晉曰孤以社稷之故不能懷君君若能以玉帛綏晉不然則武震以攝威之孤之願也楚人執之書曰行人言使人也（書行人言非使人之罪古者兵交使在其閒所以通命示整或執殺之皆以爲譏也既成而後告故書在蕭魚下石㚟爲介故不書）諸侯之師觀兵于鄭東門鄭人使王子伯駢行成甲

戊晉趙武入盟鄭伯冬十月丁亥鄭
子展出盟晉侯二盟不書不告十二月戊寅會
于蕭魚經書秋史失之庚辰赦鄭囚皆禮而
歸之納斥候不相備也禁侵掠晉侯使叔
肸告于諸侯叔肸叔向也告諸侯亦使赦鄭囚公使臧孫
紇對曰凡我同盟小國有罪大國致

討苟有以藉手鮮不赦宥寡君聞命矣言晉討小國有藉手之功則赦其罪人德義如是不敢不承命鄭人賂晉侯以師悝師觸師蠲悝觸蠲皆樂師名廣車軘車淳十五乘甲兵備廣車軘車皆兵車名淳耦也凡兵車百乘他兵車及廣軘共百乘歌鐘二肆肆列也縣鐘十六為一肆二肆三十二枚及其鎛磬鎛磬皆樂器女樂二八十六人晉侯以

樂之半賜魏絳曰子教寡人和諸戎狄以正諸華（在四年）八年之中九合諸侯如樂之和無所不諧（諧亦和也）請與子樂之（共此樂）辭曰夫和戎狄國之福也八年之中九合諸侯諸侯無慝君之靈也二三子之勞也臣何力之有焉抑臣願

君安其樂而思其終也詩曰樂旨君子殿天子之邦詩小雅也謂諸侯有樂美之德可以鎮撫天子之邦殿鎮也樂旨君子福祿攸同攸所也便蕃左右亦是帥從便蕃數也言遠人相帥來服從便蕃然在左右夫樂以安德和其心也義以處之處位以義禮以行之行教令信以守之守所行仁以厲之厲風俗而後可以殿邦國

同福祿來遠人所謂樂也言五德皆備乃爲樂非但金石書曰居安思危逸書思則有備有備無患敢以此規規正也公曰子之教敢不承命抑微子寡人無以待戎待遇接納不能濟河渡河南服鄭夫賞國之典也藏在盟府司盟之府有賞功之制不可廢也子其受之魏絳於

是乎始有金石之樂禮也禮大夫有功則賜樂秦
庶長鮑庶長武帥師伐晉以救鄭庶長
秦爵也不書救鄭已屬晉無所救鮑先入晉地士魴禦之
少秦師而弗設備壬午武濟自輔氏
從輔氏渡河與鮑交伐晉師己丑秦晉戰于
櫟晉師敗績易秦故也不書敗績晉恥易秦而敗故不告也

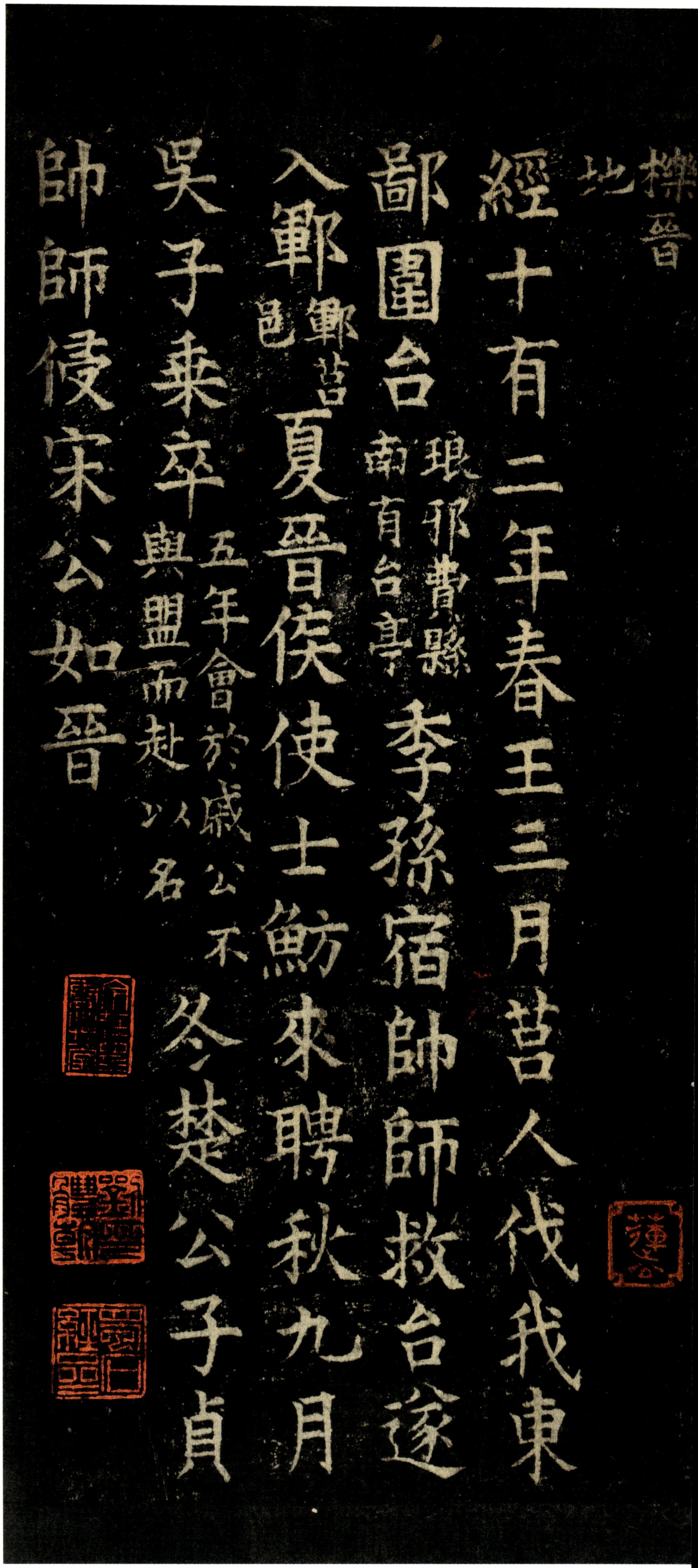

櫟晉地

經十有二年春王三月莒人伐我東鄙圍台琅邪費縣南有台亭季孫宿帥師救台遂入鄆鄆莒邑夏晉侯使士魴來聘秋九月吳子乘卒五年會於戚公不與盟而赴以名冬楚公子貞帥師侵宋公如晉

傳十二年春莒人伐我東鄙圍台季武子救台遂入鄆乘勝入鄆報見伐取其鐘以為公盤夏晉士魴來聘且拜師謝前年伐鄭師秋吳子壽夢卒壽夢吳子之號臨於周廟禮也周廟文王廟也周公出文王故魯立其廟吳始通故曰禮凡諸侯之喪異姓臨於外於城外向其國同姓於宗廟所出王之廟同宗

於祖廟始封君之廟同族於禰廟父廟也同族謂高祖以下是故魯爲諸姬臨於周廟諸姬同姓國爲邢凡蔣茅胙祭臨於周公之廟即祖廟也六國皆周公之支子別封爲國共祖周公冬楚子囊秦庶長無地伐宋師于揚梁以報晉之取鄭也取鄭在前年梁國睢陽縣東有地名揚梁靈王求后于齊齊侯問對

於晏桓子桓子對曰先王之禮辭有之天子求后於諸侯諸侯對曰夫婦所生若而人不敢譽亦不敢毀故曰若如人妾婦之子若而人言非適也無女而有姊妹及姑姊妹則曰先守某公之遺女若而人齊侯許昏王使陰里結之陰里周大夫結成也爲十五年劉夏逆王后傳公

如晉朝且拜士魴之辱禮也士魴聘在此年夏嫌君臣不敵故禮之秦嬴歸于楚秦景公妹爲楚共王夫人楚司馬子庚聘于秦爲夫人寧禮也子庚莊王子午也諸侯夫人父母既沒歸寧使卿故曰禮

經十有三年春公至自晉夏取邿邿小國也任城亢父縣有邿亭傳例曰書取言易也秋九月庚辰楚子審

卒共王也成二年大夫盟于蜀冬城防

傳十三年春公至自晉孟獻子書勞于廟禮也書勳勞於策也桓二年傳曰公至自唐告於廟也凡公行告於宗廟反行飲至舍爵策勳焉禮也桓十六年傳又曰公至自伐鄭以飲至之禮也然則還告廟及飲至及書勞三事偏行一禮則亦書至悉闕乃不書至傳因獻子之事以發明凡例釋例詳之夏邾亂分爲三國分爲三部志力各異師救邾遂取之魯師也經不稱師不滿二

千五百人傳通言之曰取凡書取言易也不用師徒及用師徒而不勞雖國亦曰取用大師焉曰滅敵人距戰斬獲俘馘用力難重雖邑亦曰滅弗地曰入謂勝其國邑不有其地荀罃士魴卒晉侯蒐于縣上以治兵爲將命軍帥也必蒐而命之所以與衆共使士匄將中軍辭曰伯游長伯游荀偃昔臣習於知伯是以佐之非能賢也七年韓厥老知罃代將中軍士

(曰佐之曰令將讓故謂爾時之舉不以己賢事見九年)請從伯游荀偃將
中軍(代荀罃)士匄佐之(位如故)使韓起將上軍
辭以趙武又使欒黶(以武位卑故不聽更命黶)辭曰
臣不如韓起韓起願上趙武君其聽
之使趙武將上軍(武自新軍超四等代荀偃)韓起佐之
(位如故)欒黶將下軍魏絳佐之(黶亦如故絳自新軍[illegible])

新軍無帥晉侯難其人使其什
吏率其卒乘官屬以從於下軍禮也
晉國之民是以大和諸侯遂睦
君子曰讓禮之主也范宣子讓其下
皆讓欒黶為汰弗敢違也晉國以平
數世賴之刑善也夫一人刑善百

姓休和可不務乎書曰一人有慶兆民賴之其寧惟永其是之謂乎周書呂刑也一人天子也寧安也永長也義取上有好善之慶則下賴其福周之興也其詩曰儀刑文王萬邦作孚詩大雅言文王善用法故能為萬國所信孚信也言刑善也及其衰也其詩曰大夫不均我從事獨賢詩小雅刺幽王役使不均故從事者[illegible]恨從之

（之務以爲獨賢無讓也）言不讓也世之治也君子尚能而讓其下（能者在下位則貴尚而讓之）小人農力以事其上是以上下有禮而讒慝黜遠由不爭也謂之懿德及其亂也君子稱其功以加小人（加陵也君子在位者）小人伐其技以馮君子（馮亦陵也自稱其能爲伐）是以上下無禮亂

虐並生由爭善也（爭自善也）謂之昏德國家之敝恒必由之（傳言晉之所以興）楚子疾告大夫曰不穀不德少主社稷生十年而喪先君未及習師保之教訓而應受多福（多福謂為君）是以不德而亡師于鄢（鄢在成十六年）以辱社稷為大夫憂其弘多矣（弘大也）

若以大夫之靈獲保首領以沒於地唯是春秋窀穸之事窀厚也穸夜也厚夜猶長夜春秋謂祭祀長夜謂葬埋所以從先君於禰廟者從先君代為禰廟請為靈若厲欲受惡謚以歸先君也亂而不損曰靈殺戮不辜曰厲大夫擇焉莫對及五命乃許秋楚共王卒子囊謀謚大夫曰君有命矣子囊曰君命

以共若之何毀之赫赫楚國而君臨之撫有蠻夷奄征南海以屬諸夏而知其過可不謂共乎請謚之共大夫從之傳言子囊之善吳侵楚養由基奔命子庚以師繼之子庚楚司馬養叔曰吳乘我喪謂我不能師也養叔養由基也必易我而不戒戒備也

子為三覆以待我（覆伏兵）我請誘之子庚從之戰于庸浦（庸浦楚地）大敗吳師獲公子黨君子以吳為不弔（不用天道相弔恤）詩曰不弔昊天亂靡有定（言不為昊天所恤則致罪也為明年會向傳）公城防書事時也（土功雖有常節通以事間為時）於是將早城臧武仲請俟畢農事禮也鄭良霄

大宰石㚟猶在楚在二十一年楚今鄭之六卿今石㚟言於

子囊曰先王卜征五年先征五年而卜吉也征謂巡狩征

而歲習其祥祥習則行五年五卜皆同吉乃巡狩不習

則增脩德而改卜不習謂卜不吉今楚實不競

行人何罪不能脩德以與晉競止鄭一卿以除其偪

良霄一卿謂使睦而疾楚以固於晉焉用之

往不偪則大臣睦怨疾楚則事晉固使歸而廢其使行而見執於楚鄭之
遂堅事晉是鄭廢本凡使之意怨其君以疾其大夫而相
牽引也不猶愈乎楚人歸之
經十有四年春王正月季孫宿叔老
會晉士匄齊人宋人衞人鄭公孫蠆
曹人莒人邾人滕人薛人杞人小邾

人會吳于向叔老聲伯子也魯使二卿會晉敬事霸國晉人自是輕魯幣而益敬
其使故叔老雖介亦列於會也齊崔杼宋華閱衛北宮括在會惰慢不攝故貶稱人蓋欲以督率諸侯獎成霸
功也吳來在向諸侯會之故曰會吳向鄭地

二月乙未朔日有食之無傳

夏四月叔孫豹會晉荀偃齊人宋人衛北宮括鄭公孫蠆曹人莒人邾人滕人薛人杞人小邾人伐秦齊

大夫不書義與向同己未衛侯出奔齊諸侯之策書孫甯逐衛侯春秋以其自取奔亡之禍故諸失國者皆不書逐之賊也不書名從告莒人侵我東鄙無傳報入鄆秋楚公子貞帥師伐吳冬季孫宿會晉士匄宋華閱衛孫林父鄭公孫蠆莒人邾人于戚

傳十四年春吳告敗于晉前年為楚所敗會于

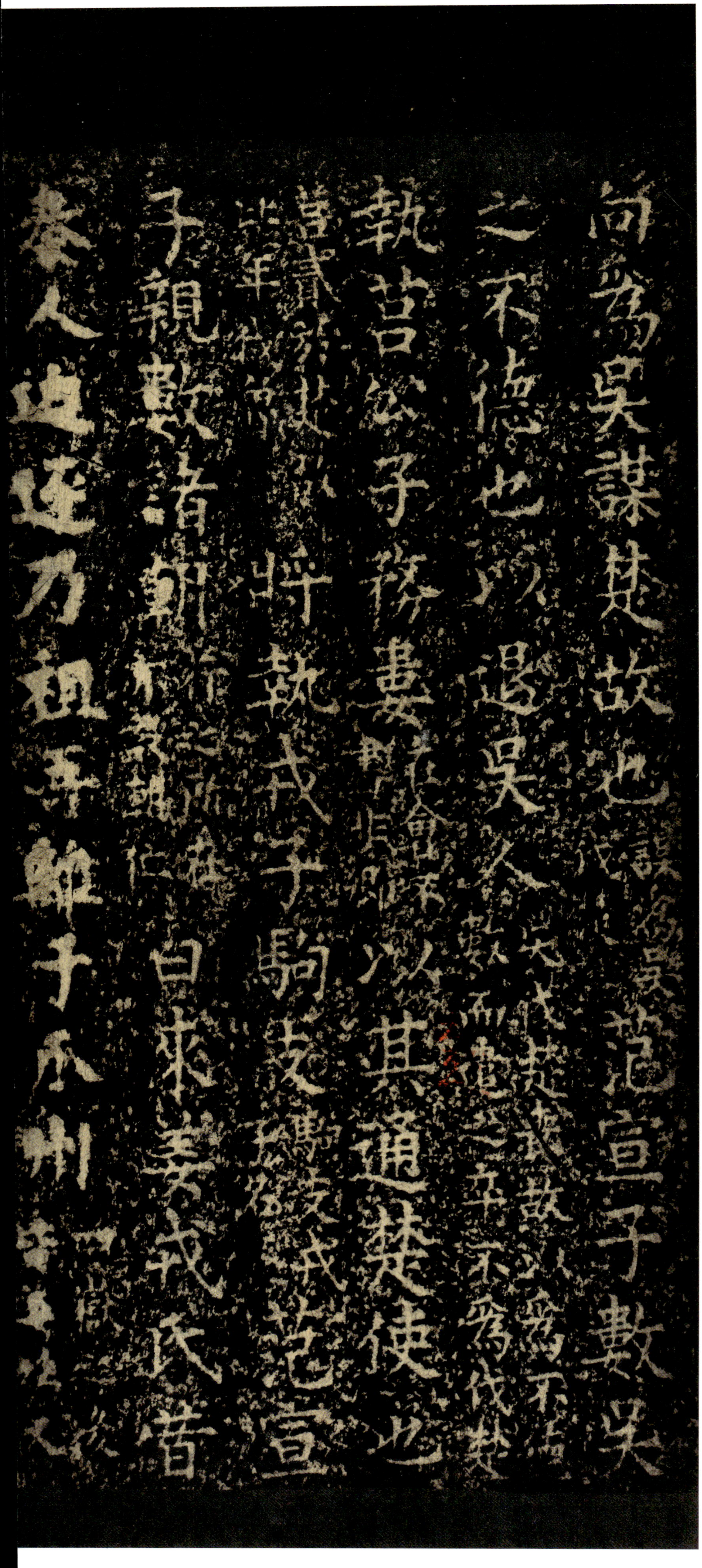
向爲吴謀楚故也范宣子數吴
之不德也以退吴人
執莒公子務婁以其通楚使也
將執戎子駒支范宣
子親數諸朝曰來姜戎氏昔
秦人迫逐乃祖吾離于瓜州

別爲允姓瓜州地在今燉煌乃祖吾離被苫蓋蓋苫之別名蒙
荊棘以來歸我先君蒙冒也我先君惠
公有不腆之田腆厚也與女剖分而食之
中分爲剖今諸侯之事我寡君不如昔者蓋
言語漏洩則職女之由職主也詰朝之事
爾無與焉詰朝明旦不使復得與會事與將執女對曰

昔秦人負恃其衆貪于土地逐我諸戎惠公蠲其大德（蠲明也）謂我諸戎是四嶽之裔胄也（四嶽堯時方伯姜姓也裔遠也胄後也）毋是翦棄（翦削也）賜我南鄙之田狐貍所居豺狼所嘷我諸戎除翦其荆棘驅其狐貍豺狼以爲先君不侵不叛之臣至于今

不貳不內侵亦不外叛昔文公與秦伐鄭秦人竊與鄭盟而舍戍焉在僖三十年於是乎有殽之師在僖三十三年晉禦其上戎亢其下亢猶當也秦師不復我諸戎實然譬如捕鹿晉人角之諸戎掎之掎其足也與晉踣之踣僵也戎何以不免自是以來晉之百役

與我諸戎相繼于時言給晉役不曠時以從執
政猶殽志也意常如殽無中二也豈敢離逷今官
之師旅無乃實有所闕以攜諸侯而
罪我諸戎我諸戎飲食衣服不與華
同贄幣不通言語不達何惡之能爲
不與於會亦無瞢焉瞢悶也賦青蠅而

退青蠅詩小雅取其愷悌君子無信讒言宣子辭焉使即事
於會成愷悌也成愷悌不信讒也不書者戎為晉屬不得特達於是
子叔齊子為季武子介以會自是晉
人輕魯幣而益敬其使齊子叔老字也言晉敬魯使經所以
並書二卿吳子諸樊既除喪諸樊吳子乘之長子也乘卒至此春十七
月既葬而除喪將立季札札諸樊少弟季札辭曰曹宣

公之卒也諸侯與曹人不義曹君曹君
公子負芻也殺大子而自立事在成十三年將立子臧子臧去之
遂弗爲也以成曹君君子曰能守節
君義嗣也諸樊適子故曰義嗣誰敢奸君有國非
吾節也札雖不才願附於子臧以無
失節固立之弃其室而耕乃舍之傳言

季札之讓且明吳兄弟相傳夏諸侯之大夫伐秦以報櫟之役也櫟役在十一年晉侯待于竟使六卿帥諸侯之師以進言經所以不稱晉侯及涇不濟諸侯之師不肯渡也涇水出安定朝那縣至京兆高陵縣入渭叔向見叔孫穆子穆子賦匏有苦葉詩邶風也義取於深則厲淺則揭言己志在於必濟叔向退而具舟魯人莒人

先濟鄭子蟜見衛北宮懿子曰與人

而不固取惡莫甚焉若社稷何懿子

說二子見諸侯之師而勸之濟濟涇

而次傳言北宮括所以書於伐秦秦人毒涇上流師人

多死飲毒水故鄭司馬子蟜帥鄭師以進師

皆從之至于棫林棫林秦地不獲成焉秦不服荀

偃令曰雞鳴而駕塞井夷竈（示不反）唯余馬首是瞻（言進退從己）欒黶曰晉國之命未是有也余馬首欲東乃歸（黶惡偃自專故棄之歸）下軍從之左史謂魏莊子曰不待中行伯乎（中行伯荀偃也莊子魏絳也左史晉大史）莊子曰夫子命從帥（夫子謂荀偃）欒伯吾帥也吾將從之從

師所以待夫子也（以從命爲待也欒黶下軍帥莊子爲佐故曰吾師）伯游曰吾令實過悔之何及多遺秦禽（軍帥不和恐多爲秦所禽獲）乃命大還晉人謂之遷延之役（遷延却退）欒鍼曰此役也報櫟之敗也役又無功晉之恥也吾有二位於戎路（欒鍼欒黶弟也二位謂欒黶將下軍鍼爲戎右）敢不恥乎與士

鞅馳秦師死焉士鞅反鞅士匄也欒黶謂士匄曰余弟不欲往而子召之余弟死而子來是而子殺余之弟也弗逐余亦將殺之士鞅奔秦欒黶汰侈誣逐士鞅也而女也於是齊崔杼宋華閱仲江會伐秦不書惰也臨事惰慢不脩也仲江宋公孫師之子向之會亦如之衛

北宮括不書於向亦惰書於伐秦攝也
能自攝整從鄭子蟜俱濟涇秦伯問於士鞅曰晉大夫
其誰先亡對曰其欒氏乎秦伯曰以
其汏乎對曰然欒黶汏虐已甚猶可
以免其在盈乎盈黶之子秦伯曰何故對
曰武子之德在民如周人之思召公

焉愛其甘棠況其子乎武子欒書黶之父也召公奭聽訟舍於甘棠之下周人思之不害其樹而作勿伐之詩在召南欒黶死盈之善未能及人武子所施沒矣而黶之怨實章將於是乎在秦伯以爲知言爲之請於晉而復之爲傳二十一年晉滅欒氏張本衛獻公戒孫文子甯惠子食勑戒二子欲共宴食皆服而

朝服朝服待命於朝日旰不召旰晏也而射鴻於囿二子從之從公於囿不釋皮冠而與之言皮冠田獵之冠也既不釋冠又不與食二子怒孫文子如戚戚孫文子邑孫蒯入使孫蒯孫文子之子公飲之酒使大師歌巧言之卒章巧言詩小雅其卒章曰彼何人斯居河之麋無拳無勇職爲亂階戚衞河上邑公欲以喻文子居河上而為亂大師掌樂大夫大師辭師曹

請爲之辭以爲不可師曹樂人初公有嬖妾使師曹誨之琴誨教也師曹鞭之公怒鞭師曹三百故師曹欲歌之以怒孫子以報公公使歌之遂誦之恐孫蒯不解故蒯懼告文子文子曰君忌我矣弗先必死欲先公作亂并帑於戚帑子也而入見蘧伯玉曰君之暴

虐子所知也大懼社稷之傾覆將若之何（伯玉蘧瑗）對曰君制其國臣敢奸之（奸猶犯也）雖奸之庸知愈乎（言逐君更立未知當差否）遂行從近關出（懼難作欲速出竟）公使子蟜子伯子皮與孫子盟于丘宮孫子皆殺之（三子衛羣公子疑孫子故盟之丘宮近戚地）四月己未子展奔齊（子展衛獻公弟）公

如鄄〔鄄衛地〕使子行於孫子孫子又殺之〔使往請和也子行羣公子〕公出奔齊孫氏追之敗公徒于阿澤〔濟北東阿縣西南有大澤〕鄄人執之〔公徒因敗散還故爲公執之〕初尹公佗學射於庾公差庾公差學射於公孫丁二子追公〔二子佗與差爲孫氏逐公〕公孫丁御公〔爲公御也〕子魚曰射爲背師不射爲

戮射爲禮乎 子魚庚公差禮射不求中 射兩軥而還 軥車軶卷者 尹公佗曰子爲師我則遠矣乃反之 佗不從丁學故言遠始與公差俱退悔而獨還射丁 公孫丁授公轡而射之貫臂 貫佗臂 子鮮從公 子鮮公母弟 及竟公使祝宗告亡且告無罪 告宗廟也 定姜曰無神何告若有不可誣也 誣欺也定姜公

適母

有罪若何告無舍大臣而與小臣謀一罪也先君有冢卿以爲師保而蔑之二罪也（謂不釋皮冠之比）余以巾櫛事先君而暴妾使余三罪也告亡而已無告無罪（時姜在國故不使得告無罪）公使厚成叔弔于衛曰寡君使瘠聞君不撫社稷而越

在他竟越遠也躋厚成叔名若之何不弔以同盟之故使躋敢私於執事執事謂諸大夫曰有君不弔弔恤也有臣不敏敏達也君不赦宥臣亦不帥職增淫發洩其若之何衛人使大叔儀對大叔儀衛大夫曰羣臣不佞得罪於寡君寡君不以即刑而悼弃之以爲

君憂君不忘先君之好辱弔羣臣又重恤之重恤謂愍其不逮也敢拜君命之辱重拜大貺謝重恤之賜厚孫歸復命語臧武仲曰衞君其必歸乎有大叔儀以守守於國有母弟鱄以出或撫其內或營其外能無歸乎齊人以郲寄衞侯郲齊所滅郲國及其

復也以郲糧歸言其貪右宰穀從而逃歸
衛人將殺之穀衛大夫也以其從君故欲殺之辭曰余不
說初矣言初從君非說之不獲已耳余狐裘而羔袖言一身
盡善唯少有惡喻己雖從君出其罪不多乃赦之衛人立公孫剽
剽穆公孫孫林父甯殖相之以聽命於諸侯
聽盟會之命衛侯在郲臧紇如齊唁衛侯衛

侯與之言虐退而告其人曰衛侯其不得入矣其言糞土也亡而不變何以復國（武仲不書未爲卿）子展子鮮聞之見臧紇與之言道（順道理）臧孫說謂其人曰衛君必入夫二子者或輓之或推之欲無入得乎（爲二十六年衛侯歸傳）師歸自伐秦晉侯

舍新軍禮也成國不過半天子之軍
成國大國周爲六軍諸侯之大者三軍可也
於是知朔生盈而死朔知罃之長子盈朔弟也盈生而朔死盈
生六年而武子卒彘裘亦幼皆未可
立也新軍無帥故舍之裘士魴子也上三年荀罃士魴卒其子皆幼未任爲卿故新軍無帥遂舍之
師曠侍於晉侯師曠晉樂大師

子野
晉侯曰衛人出其君不亦甚乎對
曰或者其君實甚良君將賞善而刑
淫養民如子蓋之如天容之如地民
奉其君愛之如父母仰之如日月敬
之如神明畏之如雷霆其可出乎夫
君神之主而民之望也若困民之主

匱神之祀百姓絶望社稷無主將安用之弗去何爲天生民而立之君使司牧之勿使失性有君而爲之貳貳卿佐使師保之勿使過度是故天子有公諸侯有卿卿置側室側室衆子之官大夫有貳宗貳宗宗子之副貳者士有朋友庶人工商皁

隸牧圉皆有親暱以相輔佐也善則
賞之賞謂宣揚過則匡之匡正也患則救之救其難失
則革之革更也自王以下各有父兄子弟
以補察其政補其愆過察其得失史爲書謂大史君舉則書
瞽爲詩瞽盲者爲詩以風刺工誦箴諫工樂人也誦箴諫之辭大
夫規誨規正諫誨其君士傳言士卑不得徑達聞君過失傳告大夫庶

人謗（庶人不與政聞 君過得誹謗）商旅于市（旅陳也陳其貨物 以示時所貴尚）
百工獻藝（獻其技藝 以喻政事）故夏書曰遒人以
木鐸徇於路（逸書遒人行人之官也木鐸木 舌金鈴徇於路求歌謠之言）官
師相規（官師大夫 自相規正）工執藝事以諫（所謂 獻藝）
正月孟春於是乎有之諫失常也（有 遒）
人徇路（人徇路 之事）天之愛民甚矣豈其使一人肆

於民上肆放也以從其淫而棄天地之性
必不然矣傳善師曠能因問盡言秋楚子為庸浦之
役故在前年子囊師于棠以伐吳吳不
出而還子囊殿殿軍後以吳為不能而弗
儆吳人自皋舟之隘要而擊之皋舟吳險阨之
道楚人不能相救吳人敗之獲楚公

子宜穀傳言不備 王使劉定公賜齊侯
命將昏於齊故也定公劉夏位賤以能而使之傳稱謚舉其終 曰昔伯舅大
公右我先王股肱周室師保萬民世
胙大師以表東海胙報也表顯也謂顯封東海以報大師之功 王
室之不壞繄伯舅是賴繄發聲 今余命
女環環齊靈公名 玆率舅氏之典纂乃祖考

無忝乃舊敬之哉無廢朕命（纂繼也因督而加褒顯傳言王室不能命有功）晉侯問衛故於中行獻子（問衛逐君當討否獻子荀偃）對曰不如因而定之衛有君矣（謂剽已立）伐之未可以得志而勤諸侯史佚有言曰因重而撫之（重不可移就撫安之）仲虺有言曰亡者侮之亂者取之推亡固

存國之道也 仲虺湯左相 君其定衛以待時乎 待其昏亂之時乃伐之 冬會于戚謀定衛也 定立剽 范宣子假羽毛於齊而弗歸齊人始貳 析羽爲旌王者游車之所建齊私有之因謂之羽毛宣子聞而借觀之 楚子囊還自伐吳卒將死遺言謂子庚必城郢 楚徙都郢未有城郭公子燮公子儀因築城爲亂事未得訖子囊欲訖而未暇故遺言見意 君子

謂子囊忠君薨不忘增其名謂十三年謚君爲共將死不忘衛社稷可不謂忠乎忠民之望也詩曰行歸于周萬民所望忠也詩小雅忠信爲周言德行歸於忠信即爲萬民所瞻望

經十有五年春宋公使向戌來聘二月己亥及向戌盟于劉劉夏逆王后

于齊劉采地夏名也天子卿書字劉夏非卿故書名天子無外所命則成故不言逆女夏
齊侯伐我北鄙圍成公救成至遇無傳
遇魯地書至遇公畏齊不敢至成季孫宿叔孫豹帥師城
成郛備齊故夏城非例所譏秋八月丁巳日有食之
無傳八月無丁巳丁巳七月一日也日月必有誤邾人伐我南鄙冬十
有二月癸亥晉侯周卒四[illegible][illegible]

傳十五年春宋向戌來聘且尋盟報二
年豹之聘尋十一年亳之盟見孟獻子尤其室尤責過也曰子
有令聞而美其室非所望也對曰我
在晉吾兄爲之毀之重勞且不敢間
傳言獻子友于兄且不隱其實官師從單靖公逆王后于
齊卿不行非禮也官師劉夏也天子官師非卿也劉夏獨過魯告昏故

(不書單靖公天子不親會使上卿逆而公監之故曰卿不行非禮)楚公子午爲令尹(代子囊)公子罷戎爲右尹蔿子馮爲大司馬(子馮叔敖從子)公子櫜師爲右司馬公子成爲左司馬屈到爲莫敖(屈到屈蕩子)公子追舒爲箴尹(追舒莊王子子南)屈蕩爲連尹養由基爲宫廄尹以靖國人君子謂

楚於是乎能官人官人國之急也能官人則民無覦心無覬覦以求幸詩云嗟我懷人寘彼周行能官人也詩周南也寘置也行列也周徧也詩人嗟歎言我思得賢人置之徧於列位是后妃之志以官人爲急王及公侯伯子男甸采衛大夫各居其列所謂周行也言自王以下諸侯大夫各任其職則是詩人周行之志也甸采衛五服之名也天子所居千里

曰圻其外曰侯服次曰甸服次曰男服次曰采服次曰衛服五百里爲一服不言侯男略舉也鄭尉
氏司氏之亂其餘盜在宋亂在十年鄭人以
子西伯有子產之故納賂于宋三子之父皆爲
尉氏所殺故以馬四十乘百六十四與師茷師慧樂師
也茷慧其名三月公孫黑爲質焉公孫黑子皙司城
子罕以堵女父尉翩司齊與之良司

臣而逸之賢而放之託諸季武子武子寘諸卞子罕以司臣託季氏鄭人醢之三人也三人堵女父尉翩司齊師慧過宋朝將私焉私小便其相曰朝也相師者慧曰無人焉相曰朝也何故無人慧曰必無人焉若猶有人豈其以千乘之相易淫樂之矇必無人焉故也

千乘相謂子產等也言不爲子產殺三盜得賂而歸之是重淫樂而輕國相子罕聞之
固請而歸之言子罕能改過夏齊侯圍成貳於
晉故也不畏霸主故敢伐魯於是乎城成郛郛郭也
秋邾人伐我南鄙亦貳於晉故使告于晉晉
將爲會以討邾莒十二年十四年莒人伐魯未之討也晉侯
有疾乃止冬晉悼公卒遂不克會爲明

年會湨梁傳

鄭公孫夏如晉奔喪子蟜送葬

夏子西也言諸侯畏晉故卿共葬

宋人或得玉獻諸子罕子罕弗受獻玉曰以示玉人

玉人能治玉者

玉人以為寶也故敢獻之子罕曰我以不貪為寶爾以玉為寶若以與我皆喪寶也不若人有其寶稽首而告曰

小人懷璧不可以越鄉言必為盜所害納此以請死也請免死子罕寘諸其里使玉人為之攻之攻治之也富而後使復其所賣玉得富十二月鄭人奪堵狗之妻而歸諸范氏堵狗堵女父之族狗娶於晉范氏鄭人既誅女父畏狗因范氏而作亂故奪其妻歸范氏先絕之傳言鄭之有謀也

春秋卷第十五

經七千九十三字

注五千三十四字

右宋拓蜀石經春秋左傳第十五卷起襄公十年盡十五年五十三葉半卷末自注經七千九十三字注七千二十四字第一葉有東宮書府印第二十七頁有方印模糊不可辨墨紙精緻界行朱字標識均宋款識以阮氏重刻十行本校之異者六十餘條多與校勘記所引諸善本同其諸本未見者十餘條皆嚴氏蜀刻毛詩攷證馮氏蜀石經考異所遺也據蜀石經刻於孟蜀廣政中皆續續傳也宋皇祐元年方成自來著錄家未能分晰吳任臣十國春秋云毋昭裔按雍都九經令張德昭等書刻石成都趙清

獻成都記序，蓋石經堂記略同。洪文敏容齋續筆云：成都石經字
體精謹，有貞觀遺風，唯三傳至皇祐元年方畢工，殊不逮前矣。王
伯厚玉海略同。晁子止石經攷異序云：左傳不志何人書，而
詳觀其字畫，亦必為蜀人所書。然則蜀之立石蓋十經。讀書志
石經左傳云：此不題所書人姓氏，亦無年月。按文不缺唐諱，而
缺祥字，當是孟知祥僭位後刻。今以此補參勘之，諸說皆未
盡合。惟曾宏父石刻鋪敘云：蜀石經左傳卅卷，蜀鐫至十

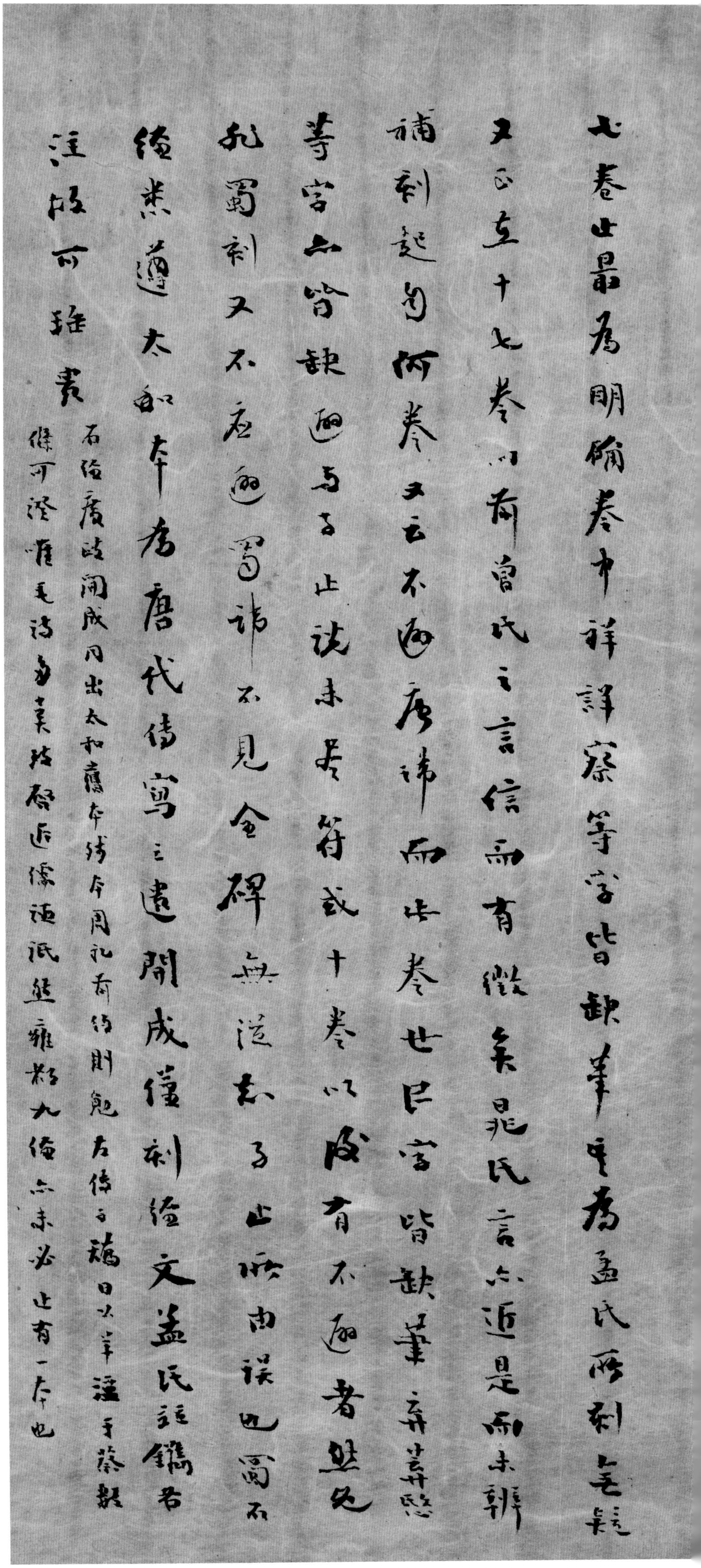
七卷止最為明確，卷中祥詳察等字皆缺筆，定為孟氏所刻無疑。又云五十七卷以前曾氏之言信而有徵矣。晁氏言亦近是，而未辨補刻起自何卷。又云不避唐諱，而於卷廿七宮皆缺筆，棄嵩懸等字亦皆缺避，與予所言止得未具。試十卷以後有不避者，然亦非蜀刻，又不應避蜀諱。不見金碑無從考，予止所由誤也。蜀石經兼遵太和本，為唐代傳寫之遺，開成僅刻經文，孟氏注鐫者注疏可珍貴。

石經廣政間成，乃出太和舊本，特今周禮有傳則勉古傳之舊，日以本謹于蔡毅

併可證。惟毛詩多某跋啟近儒語，然雍熙九經亦未必止有一本也。

是乎此跋異序備言監本不可及，從蜀刻固已可嘉，持論平允不愧
名儒。南宋末蜀石湮淪沒，元明無聞。
國朝黄松石始自毛詩周南召南邶鄘風殘俾，黄蕘圃又得周南
及穀梁序，陳芳林得左傳昭二十年殘本僅六百餘字，後更句
序陶山及卿梁茝林。余嘗夢遇蜀刻，壬子冬忽於親家陳頌
南給諫處見周禮考工記殘本六千餘字，公羊殘本五千餘字。
周禮爲蜀刻，與阮刻異同至二百餘條，之年爲宋補刻異同

二十銘條給諫校錄氏文懸不擇手青陽吳子苾昆仲博學多文尤之
博稽而詳說之余已徧讀僉之雖欲見翫但今須觀此冊亦万二千餘
字与毛詩周禮公羊穀梁左傳經文未足擬矣獨怪金石萃編
及阮氏校勘記校蜀刻殘本送勝識許殊乖闕疑之義及觀周
禮孫本因吳氏多足證今本鄭注之誤而此冊与公羊校寫精
案諸拜特勘公羊刻于田元均稱所謂據長興本左傳實皆
刻亦与毛詩周禮不同乃信諸經絕係大和舊本自不得勝

改原文，其與長興板本或大加刪改，或只據舊文，是以迥不相
侔，不可執彼誣此。今世傳倫注北宋板久湮，長興原本豈可
復覩。幸有蜀石殘本，足稱希世之珍。厲樊榭、全謝山輩僅
見毛詩一本，攷訂題跋，流傳海內。錢竹汀又多見左傳殘字，
欣為衰年樂事。今此冊與周禮、公羊於湮淪千載後忽先
後出天壤間，不可云儒林之盛矣。毛詩及左傳殘字未知流
傳何所，倘有力者訪摹周禮、公羊及此冊，同壽諸石，或據

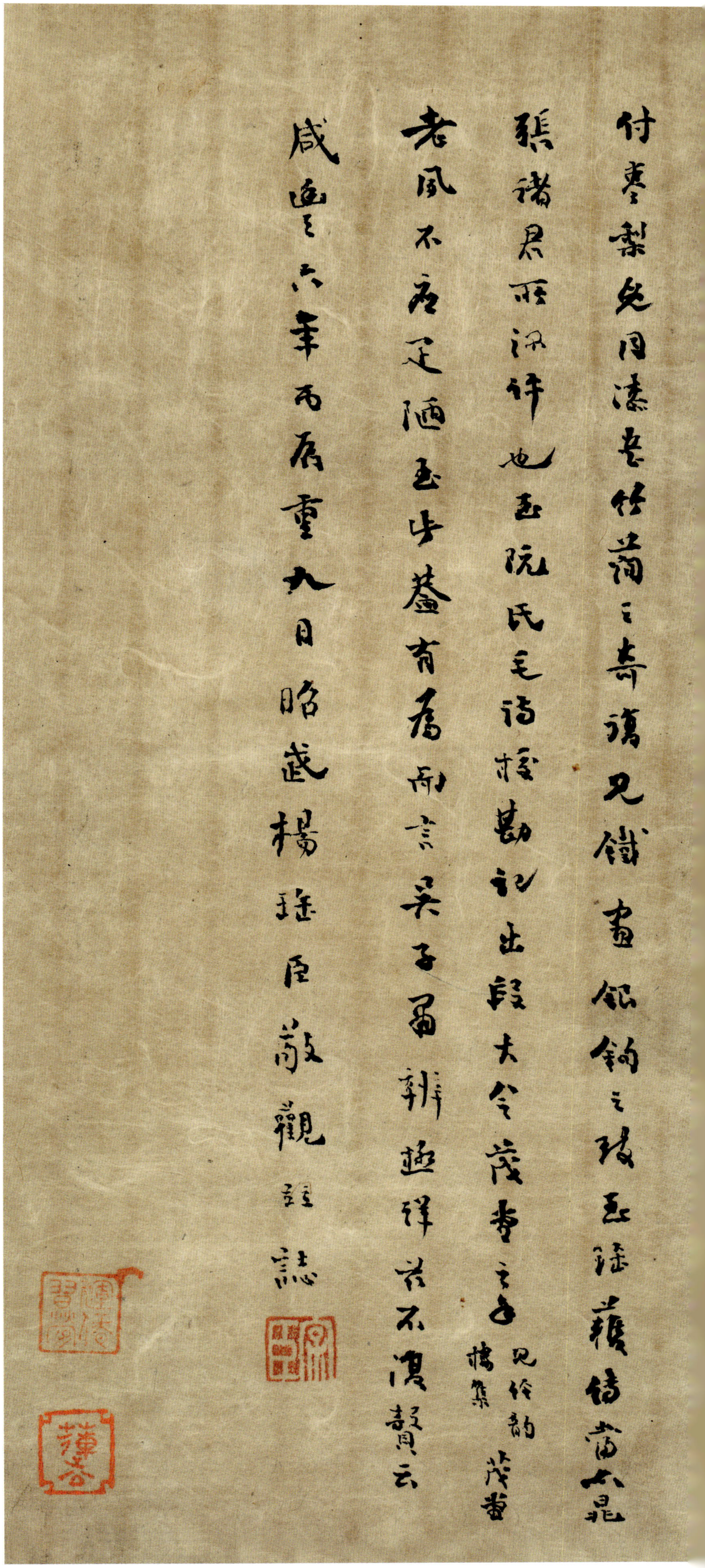
付棗梨免同漆書竹簡之壽讀見鐵畫銀鉤之跡玉蹤藉傳當亦是
張諸君所深許也玉阮氏毛詩校勘記出段大令茂堂之手見於韵茂堂撰集
老風不存足陋玉步蓋有為而言吳子篆雜趣得者不復贅云
咸豐六年丙辰重九日昭武楊瑛臣敬觀題誌

蜀石經刻於孟蜀廣政中其左傳卅卷鐫至
十七卷止此卷第十五猶是孟蜀時刻也晁氏讀
書志謂蜀石經左傳按文不缺唐諱而缺祥字今
卷中世民等字皆缺筆祥詳字亦缺筆似此本非
孟蜀所刻而卷中何以又缺蜀諱按蜀石經悉遵本
大和本其於唐諱當是依舊經本書寫而於當代
之諱不可不諱避故二者並缺筆晁氏謂不辟唐

諱考大和石經中唐高宗諱治中宗諱顯睿宗諱旦元宗諱隆基文宗諱涵皆不缺筆茲卷如傳十三年晋侯蒐于緜上以治兵筆亦不缺蜀刻自是依之晁氏所見或偶值其不缺處未嘗徧觀而詳考與此拓字迹端勁紙墨古澤間有剝蝕其爲蜀石宗搨無疑式古堂主人索題爲書數語以誌眼福

京江張錫庚星白氏跋

蜀石經本至不易得自來考據家只殘
本數紙皆極寶重之此冊為春秋經傳集
解第十五卷起襄公十年至十五年經注共
一萬二千百一十七字首尾完善紙墨俱古通
真宋拓書者不知為誰結體全仿顏法可為
臨池之助宜好古者什襲而珍藏之也案頭展

觀古香可愛聊書數語以誌眼福並考覈

藉證昭武楊君言之綦詳不復贅述

咸豐七年丁巳正月廿九日昆明趙光識

蜀本石經流傳絕少式古堂主人得春秋經傳第十五卷首尾完好持以相示不禁嘆為奇珍因携歸齋頭展玩累月知宋人所稱引多以蜀刻為證前輩搜訪金石往往未得一見趙谷林得毛詩殘本遂招集同人賦詩題跋以為希遇今獲見此本翰墨因緣正復不淺遂攜詣 蓉師共加鑒賞并附識數語於左松坪張德容

蓋蜀石經與後唐九經板本同時並出，俱祖太和石經而異同此一。學者每資石本以考定板本，故尤珍之。此冊爲左氏傳第十五卷，首尾完好，合經注一萬二千一百十七字。考曾宏父石刻鋪敘稱蜀石經左氏傳録至十七卷，餘皆宋補，則是卷尚是蓋蜀原刻。左氏傳雖不題書人，而端方精謹，與唐石經如出一手，或當時寫經字體類如此也。趙清獻成都記謂石凡千數，胡元質作堂名石經堂，是趙宋時已極寶貴，不知何以流傳絶少國朝黃松石陳芳林諸公得毛詩周禮左氏公羊殘本往往傳觀記詠李蓋球辭六式古主人於無意中得此冊不知其源流所自意古刻或不盡銷沈特無人以表章之則亦淪棄於廢紙叢中而已既幸觀茲刻尤冀異日之獲觀他篇也因識數語歸之時咸豐七年歲在丁巳暮春中澣錢唐沈炳垚

宋拓蜀石經殘本歌

有客示我蜀石經春秋斷簡左氏傳其字萬有二千餘宋紙象韌敵唐綃東宮書府印宛然厭眼已驚烏玉片細看鈎畫具歐法貞觀遺風猶未變鴻都三體賸殊隸開成勒石名久推蜀刻經注獨兼存彫版並出較精善惜哉蠹蝕兵燹餘石室摧隤梵宮徇流傳至今二三策注〻咨嗟動邦彥此本得之武古堂或是兇洪昔所見楊君作記欲希有好古諸公劉覽編

漢唐原流多箸録巴蜀文孫鮮論譔張楊孫周畫能事僕射
研經亦妙選繇拔稽蝌尚神采卓犖山川有書卷峨眉缺月
秋掃空三峽餘波淨如練書家競誇元和脚世人但學蘭亭
面拙豪欲補金石編歐趙前頭敢輕衒
咸豐七年立秋前三日大雨中觀並題壽陽祁寯藻

予年十七随侍北上道出吳门得唐太守仲冕所琹蜀石经毛詩殘本前有顧茂才澗蘋序頗詆此書舟中篝燈讀之未暇詳按也其後入京師聞陳侍御頌南有周禮公羊殘本亟思一假讀以擴聞見而侍御方以直聲動天下予以秋試入都引嫌不敢往見及予通籍入詞館將修前後輩之禮而侍御又乞假回閩卒不得一讀以償所願至今念念未嘗不攬予心也今年春同年張松坪比部為予言式古堂主人藏有左氏傳一卷亟往假歸卒讀起襄公十年盡十五年经七千九十三字注五千二十四字洪容齋隨筆云三傳至皇祐元年畢工殊不逮前晁昭德讀書志曰左氏傳不題所書人姓名亦無年月按文不闕唐諱及國朝諱而缺祥字當是孟知祥僭位後刊石此卷祥詳察等字均缺筆與晁氏所言合而世民亦缺諱即偏旁字從世從民者亦多省缺攷曾宏父石刻鋪敘云蜀石经左傳三十卷蜀鐫至十七卷止然則洪氏晁氏弟指田況所補言之故與此卷未盡合也自宋以来言蜀石经本末若家詳若席氏益晁氏公武洪氏邁趙氏希弁曾氏宏父王氏應麟及　國朝之顧氏炎武萬氏斯同吳氏任臣杭氏世駿王氏昶均有記述而家竹垞翁所考尤詳獨不言其已佚何時考無名氏寶刻類編作於宋理宗朝石经尚入著錄其後僅見於陶氏宗儀趙氏均二家之書然其所

據恐出自傳搨之本未必原石尚在故以楊氏慎之博雅好事未嘗一言及之以夸其鄉邦文物之盛則自合州賓館禮記數段而外蓋略無存者矣故妄斷以謂已於元初特當其時士大夫高談性命不復以是措意卒至淪沒而不可考見亦然宋人甚重其書多引以為證徵國文公注論語號稱矜慎亦引用其說以致今本與釋文合者三科與正義合者三科與相臺岳氏本合者十四科與石經合者六科均足正今本之謬蓋毋昭裔勒石之時以雍太和舊本為據其勝於今本宜也其偶有舛錯者則全氏祖望所云為書既多不能無誤者是已而顧氏獨誣之何歟噫自唐以後經學之不明久矣陸元朗之音義顏籀之定本往往沿俗本之誤學者不以是廢其書況蜀僻在西蜀陲當干戈俶擾之際而毋昭裔等能以經學為急務今此左氏傳殘文一卷其是者可訂俗本之訛其非者亦足以廣異聞惜乎晁公武石經攷異已佚無由盡覩其異同也顧氏所言無乃近於失考也乎式古主人屬予跋因攷其已佚之由以辨顧氏之誤書之冊尾以歸之然則向之欲一讀周禮公羊而不可得者天其以是償之矣咸豐強梧大荒駱日南至舊史氏仁和朱學勤修伯甫識於宣武城南寓邸之結一廬

式古堂中富名籍，示我一冊尤瑰奇。發緘古采動心目，孟蜀刻石存孑遺。春秋左氏第十五，一萬二千文可奇（居宜切）。以注樹經昔未見，潛研致疑當時權。廿年前遇陳仲魚，筆繳成帙欣相貽。醵金將助來同學，風流儒雅想追思（陳雲峰文學於吳門黃氏景寫毛詩殘本，又從畢秋帆所得左傳殘字三葉，即錢辛楣先生所見本也。同人助貲合刻成冊。雲峰一字仲霓）。安得好事踵斯舉，摹來添播經生帷。淮東丁叟儲注刻，昨者到覽之神馳（丁佶卿書箋屢謂此宋注刻石經，余曾寓目考識並為題跋）。劉蘇寶墨更希有，摩挲何讓商周彝。率更筆勢宛親受，

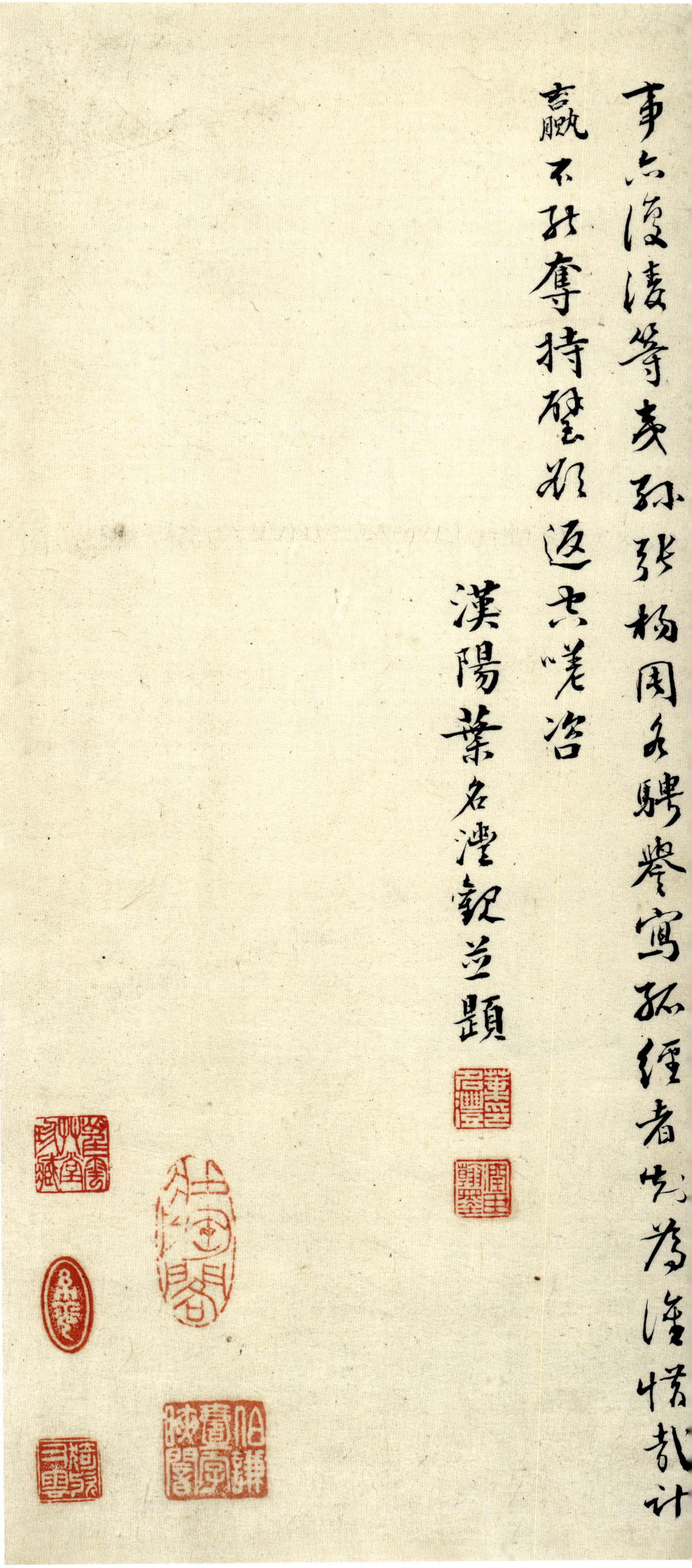

事亦復淒等夷孫張楊周名騁譽寫孤經者尤為淮惜哉計

嬴不能奪持璧返亦嗟咨

漢陽葉名澧觀并題

经師守家法首別令古文校勘辨同異迺以板本論許紅與紂綠踳駮常紛紛惟取印證多藉知面目眞石经聳漢代踵事繁貞珉孟蜀雖僭位猶復崇典墳溯惟廣政年昭裔方秉鈞善書張楊輩鐫石垂千春晁洪竝箸錄譚埶徵舊聞展轉兵劫餘九经難具存毛詩槧殘本近有三山陳周禮及公羊珍弆閒南閩左氏

誰手筆攷古名久湮嘉定見數策跋尾嗟賞頻片玉留人間足抵連城珍矧茲萬餘字經注排星雲一卷悉完好氈蠟函古芬秋宵翦明燭挍讀殊忘勤一字究六書更比開成純襄十年聊人纯聊字唐石經及釋文宋本俱从夘作聊惟此从取作聊与說文合楷灋亦精絕率更庶其倫是當不脛走無待懸國門憯哉腐儒橐不得千百緡題詩誇墨緣聊記吾情欣紂紅許緣誤作許紅紂緣

咸豐八年中秋節後四日挍讀一過並題 陽湖楊傳第

憶在嶺南師之中曾見周禮公羊殘本時
壬子秋八月也丙辰夏碑估以小蓬萊閣
所藏漢石經殘字求售旋爲大力者負之
以去至今猶懸心目今觀此冊益用憮然
咸豐戊午春二月吳潘祖蔭記

光緒三年歲在戊寅十又二月錢唐汪鳴鑾郎亭
吳縣洪鈞文卿吳縣吳大澂愙齋同觀

中郎石經久殘斷，正始三體餘灰炭。（魚豢魏略云：掃除太學，灰炭補舊石碑之缺壞。）孟蜀刻石亦無存，寥落人間廣陵散。黃翁好古傳祕冊，藏弆毛詩纔二卷。方舉輖儀澄異聞，藝林題識於珍玩。豈圖後人逢玉寶，更得春秋左氏傳。襄第十五首尾完，儼然宋拓字畫遒勁。當年鐫字紛割裂，五季

典常嗟壞亂誰言閏位畫榛蕪猶解尊經
討文獻鐫從廣政類嚴謹存倣太和無改竄
張楊孫周各書丹已蜀文雅多才彥此經不
署何人筆論書亦是一時冠規摹有辛
更法姿媚異雷蘭亭面森森勒石樹學宮
奕奕宏文配禮殿漂流略異鄴還雍寶重

將同魏溯漢即今殘字且奇獲何況孤本驚罕見翠墨千椎色香古龍文百斛精采爛聞　公吏搨具呈三周禮穀梁存幾段連壁虽收信無價遺經獨抱真堪羨行篋光騰萬丈高滄江夜月看虹貫

健之親家于役長沙出示宋拓蜀石經左傳愛玩數日題此歸之　宣統辛亥四月瞿鴻禨識

雒都善本成都刻，偏霸猶知崇九經。石經刻於廣政中，用太和九經本。太息儒風衰數日，摩挲石墨倦眸醒。

抱蜀堂中長物三，廿年塵夢憶宣南。期君莫靳官泉布，劍合延津作美談。吳興張牀惪藏蜀石經春秋左傳及穀梁傳、周禮凡三冊，壬辰在燕脂胡同抱蜀堂中展讀竟日。君既得此冊，而穀梁、周禮二冊尚在京師某君所。

健之觀察垂來長沙，出此冊命題。時謝病將行，卒成二絕，乞

教。辛亥四月吳慶坻

僞政不綱龜鼎遷五季割據何騷然竊國唯知恃武力土苴經典夸戈鋋前蜀後蜀等亾國孟昶應較王衍賢朝堂設匭達幽隱宮掖納諫輕嬋娟況復雅意好文學石經今日猶流傳首建議者毋昭裔甲辰之歲初開鐫孝經論語及爾雅德釗書石

成於先是時中原正多故契丹石晉兵
禍延閩中弑奪亂尤亟南唐吳越差安
便蜀獨從容免戰伐儒生猶得勤丹鉛
其後諸經竝刊石廣政訖於皇祐年禮
殿屋經遘兵劫久已零散為荒烟我昔
成都覩殘石幾度求訪嗟無緣喜 君

嗜古得此本周禮左傳堪摩研公穀雖
刻自田況立石尚居嘉祐前開封石經
有兩體楊南仲篆稱精專共疑石已在
元末啓人未見心眷、証知汴學存石
二陳留還賸周官篇古物有時會發見
蜀經安料無日全爲　君作歌復歎息

連年烽火哀西川

健〻仁兄世長三年前相遇京師即屬題所藏蜀石經拓本因循日久今始克償

詩字兩劣，聊塞

教責而已　戊午孟冬長汀江瀚

漢石無存唐石裂辟雝蒸草蔣衡書
蜀經歷劫留殘墨三傳周官宋搨初
回首　文莊治蜀年我從文慎從紅蓮
光緒辛壬之間善化瞿止庵師督蜀學
尋碑踏徧蠶叢道廣政經
無片石傳
松石精藏世所奇名南詩与邺風詩洪

楊亂後歸何許番舶如梭事可疑
五手荒無儒可阮華陽兵子誦弦聲古
今蜀亂覘先後好守遺經待太平
戊午秋九月至京師
健之道兄延住其蜀石經齋題請
教正
甯海章梫

光緒十二年丙戌
朝廷用　先文介公言
命廬江　劉文莊公帥蜀蓋同治初　公嘗薦曾
文正公軍務至東　先考一見傾心歷久不忘者也
後三十七年壬戌過竹始識　公子健之先生於北
京身世家國之感有同情焉過從既數知　君藏
有蜀石經過竹雖未之見於嘗聞　先考言咸
豐時翁文端公長戶部一日以石經見示余目

為蜀刻目轉示楊驥雲驥雲即以畫稿筆書
數千百言於冊墨審淋漓文端頗許其通侻而
亦未嘗不驚其博辨也　先考之亦如此今
健之所藏殆即去年當五季之時天下併擾
人紀幾絕歐陽公朱文公皆歎為壞亂之極
惟孟氏據有兩川於擧世戰爭之日獨知
尊經其立國及四十年較中原差安非無故
也今自辛亥以來邪說侮聖蔑經之亦日滋

而戰禍亦日亟即 文莊公昔年搜緝之蜀
石久罹兵革求如孟氏之保境息民豈可得耶
於是慨然於三歎而識之乙丑二月花朝周迺竹
命兒子孝揆代書

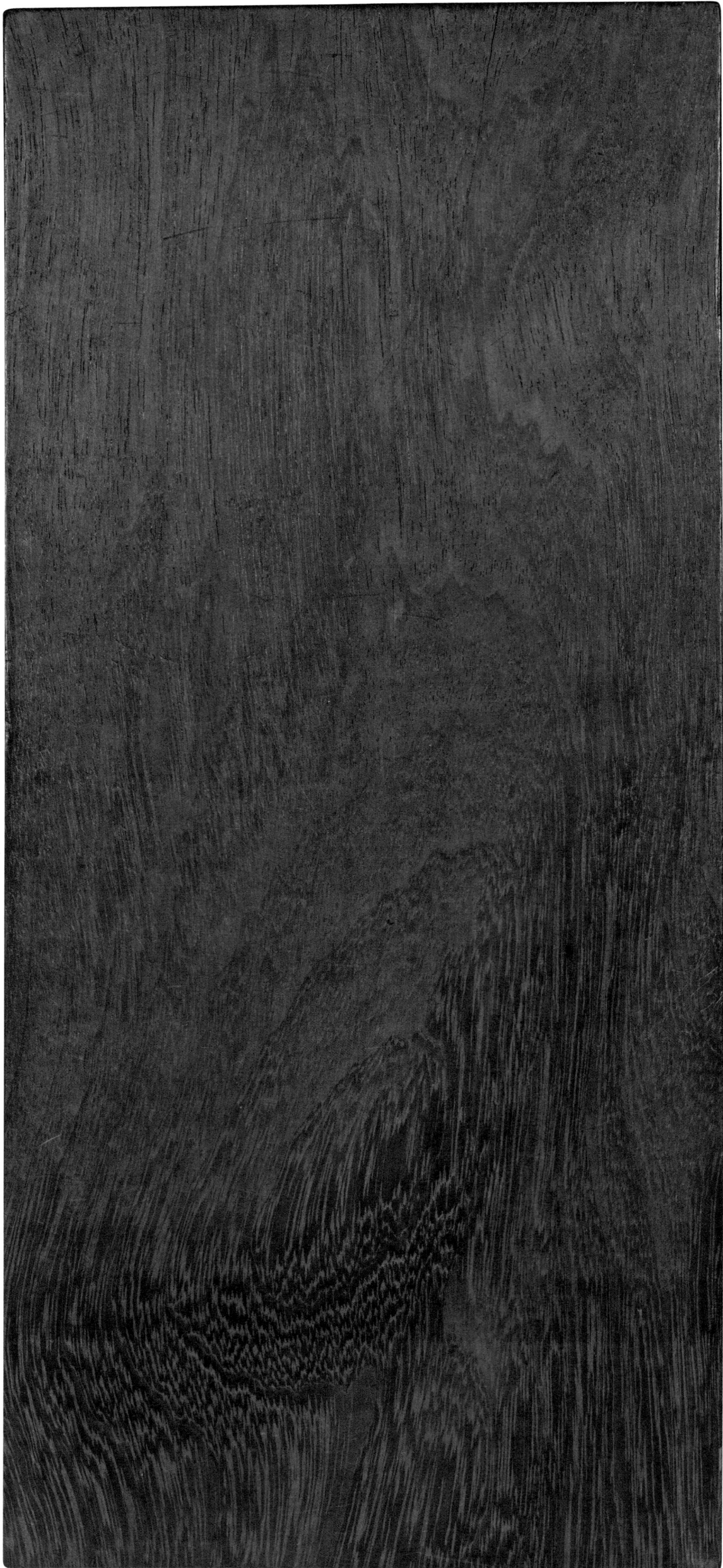

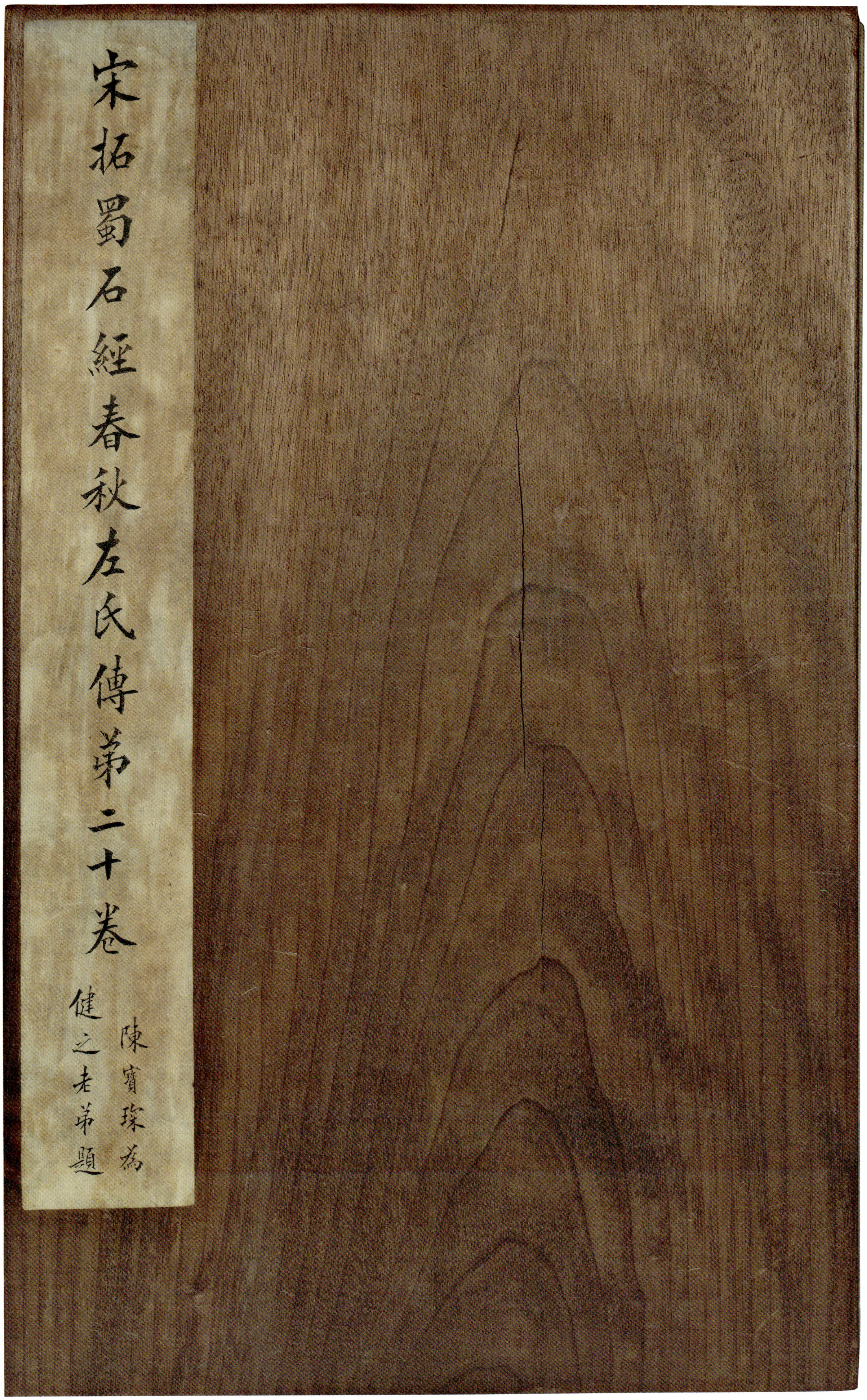
宋拓蜀石經春秋左氏傳第二十卷
陳寶琛爲
健之老弟題

皖江二劉吾舊友楹書枕祕皆珍璘嘉祐
二體世僅見廣政五冊尤奇珍兩家所寶
並寓目五季追溯先遽頻知祥知唐獻可
誒寬賦誅盜安蜀民恭孝初政商作相民
勞小休非無因韓集蕭選不脛走十經次
弟垂貞珉文字豈必關治忽差勝杖杜羞
朝紳禮本墨守太和舊癸甲何事譏葵申
拂塵掃葉自古歎貞觀書體猶清純皇祐

更得田況續熹平不逐中郎湮新義時已
有萌蘖朝報韋未遭訶嗔南都剞劂特後
起西川戰伐嗟先淪新都俞書號博物隻
字未與丹鉛親黄陳趙張得百一翁錢段
何辭紛綸吾宗又翁較雍刻酒闌星鳳詩
坐賓　文莊持節訪石室乖崖畫象留
峨岷　健之問絹涉冥想經注矗立摩訶
濱物聚所好喜入手思摹萬本傳千春蜀

石經齋勝抱蜀
天章捧出光輪囷禮文備物魯所秉褒譏
貶損令誰陳治隆唐宋法周孔學宗服鄭
追洛閩津橋杜鵑偶然耳經正民興存乎
人近聞汲石有新獲雙龍未合延平津玉
海傳經亦賢者何時互假傳其真老我菑
畬業久癈旃厦口義徒斷斷菜根可齩書
可了一瓻頗作由東鄰

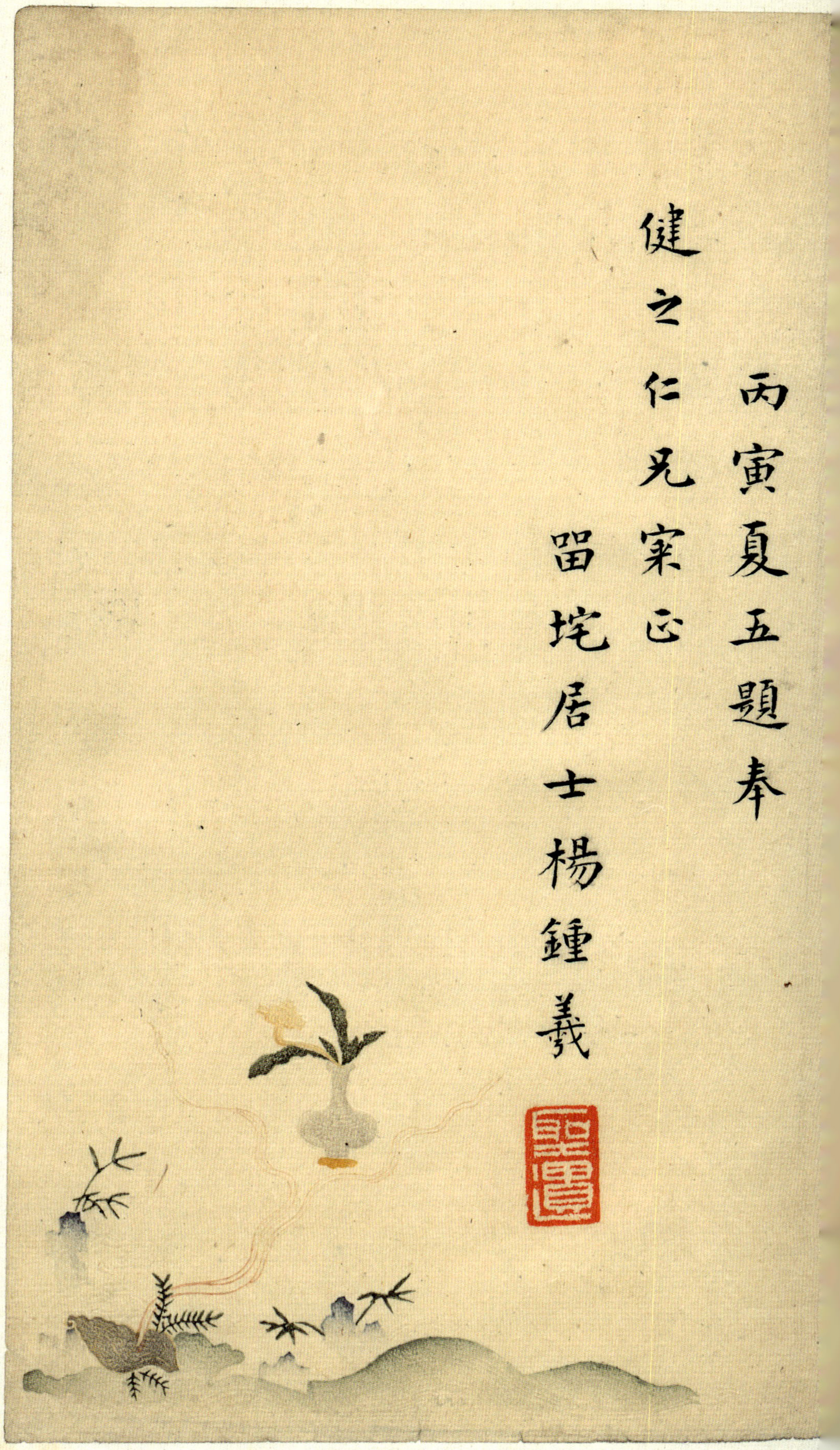
丙寅夏五題奉
健之仁兄家正
畱垞居士楊鍾羲

石

經

庚申五月體乾以所藏孟蜀石經左傳册請
陳弢庵太保代爲呈進
御覽敬乞
宸題仰蒙
賜書孟蜀石經四篆字感激榮幸恭賦紀
恩
睿藻煸爛史籀文㳂来石墨未前聞球圖寶守貽孫
子述德毋忘誦世芬
先臣曾有賜書樓此册應居最上頭獨抱遺經
重太息時人原不解春秋

劉體乾謹題

雲漢天章降紫宸
君恩逾格為先臣竹窗石屋傳嘉話
異數新頒到海濱
報國承家志未伸流離滄海倦遊身堂名
載德非誇遇（己未二月蒙 賜世載其德扁敬以載德名堂）
天語留將示後人
辛酉十二月蒙
御筆賜題蜀石經齋扁恭賦紀
恩

劉體乾

璀璨

天題炳日星尊經以籀古見

皇情鴻規遠紹乾隆盛獵碣親摹十鼓

成

乾隆朝以太學石鼓存字不及半因就所存三百十字集成十章鐫新鼓置太學戟門外其首章末章為 御製自二至九 命尚書彭元瑞補綴成之 今上題字作大篆與

純廟補史以籀古文蓋先後同符云

家法相傳

典學勤

聖祖始終典學嘗御乾清宮發 御書一千四百二十七幅自魏晉以逮唐宋元明諸名蹟無不臨橅凡紙尾必署云臨某某書

珠林寶笈煥天文

祕殿珠林石渠寶笈皆首冠 御書寶笈初編續編成於乾隆朝三編則

嘉慶間所輯也

小臣昔忝承明列，猶顧簪毫紀舊聞。先臣惠澤溥三巴，有子眂研石墨華。天語焜煌褒世德，五雲長護世臣家。戴德訛作世德。祕笈曾窺挖蜀軒，麟經重與撫殘編。湘洲惜別無窮意，一憂曾騰又十年。蜀石經左氏傳十五卷舊為張氏藏，彙在京師嘗見之，此歸健之，余又為題句，則辛亥三月余將去長沙時也。慶

吳慶坻敬題

昭仁初日麗柍棖獨被榮光感世臣
聖意教忠兼教孝春秋大義要重伸
周宣神武狩岐陽車馬攻同定再昌才藝從臣
無此筆鸞翔鳳翥待
天章

庚申五月廬江劉體乾所藏蜀石經左傳蒙
御題篆文四字韋獲仰觀恭紀截句二首漢軍楊鍾羲謹識

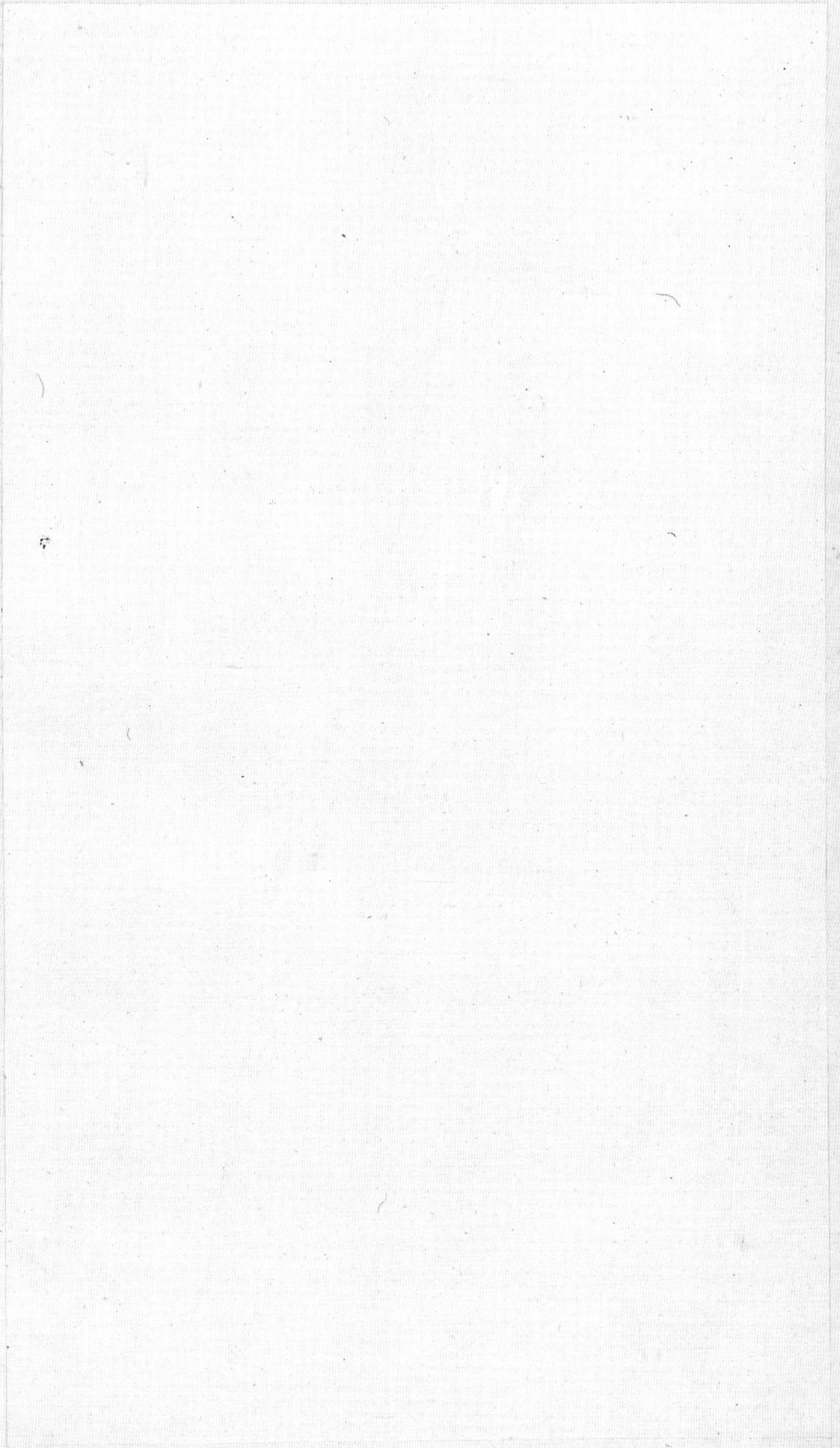

龍書雲篆倬昭回捧到江南海霧開八角岳
送岳甄道運光明都自
日天來
金石林中
睿藻傳毋俟老骨亦榮延老臣合綬須臾敬尚
想爭書
御榻前

健之仁兄以
御題冊首字見示拜觀之下恭紀小詩

曽植

蜀刻周禮春秋三傳殘拓本

御題孟蜀石經四字卷端

健之七兄姻世兄屬題謹賦截句五首恭紀

河洛圖書擁伏羲不教經籍付支離亶聰

元后春秋盛文字潛龍蔚律時

宸題餘燼出叢爇雲漢昭回燦玉函天縱

聖人繼

祖武

章皇

仁廟此登三

十經注脚本成孤片石陵遲等破觚留滓

聖權親灑翰宅中典學肇洪圖

已向

先皇乞鏡湖即家起復拜

恩殊（肇康以宣統辛亥七月奉旨起復原官不一月而武昌變作矣）十年草莽徵居在

丕冒欣看到海隅

周禮即今猶在魯春秋三傳並尊王故人耿耿

懸霄漢一掬丹心捧

聖皇

庚申冬孟同客申江 世姻愚弟余肇康敬題

殘遺蜀石經收聚十獲五勤搜兼巧遇彼
蒼眷嗜古流傳閱百年藏者可指數匯觀
盛師儒證辨析絲縷鯫生安置喙瞠視屢起
舞尤幸邀
天章篆畫出
沖主雄姿走蟠龍奧雅貽石鼓劉侯為發箋
光精爛庭户方將卻魔魅復旦萬物覩守闕
留伏申待訪執与伍庚申冬月陳三立謹題

鴻都三體久湮淪踵起開成迹亦陳廣政井蛙
彼何世却将麟筆壽青珉
尊王大義揭崔嵬省識宣尼志不灰艸莽一
時收涕淚
天章雲漢仰昭回
先後營城幾度修曾聞遺石盡琳璆什邡任
令家何處留待時清詔使求
庚申除夕孫清敬題

龍文巍煥作天地下視大塊游鴻

戳蜀雲銷歌蜀瑞經神亮標目

華花翠碣居蓬蒿已千年夕物華

廣乾先天告兆妖霧塞穹宇黄

帝會師遂坂象及其揮毫宸

章炳蟀此蟠擎丹青字

丁巳七月蠡賓之

炳丹書四大字集古

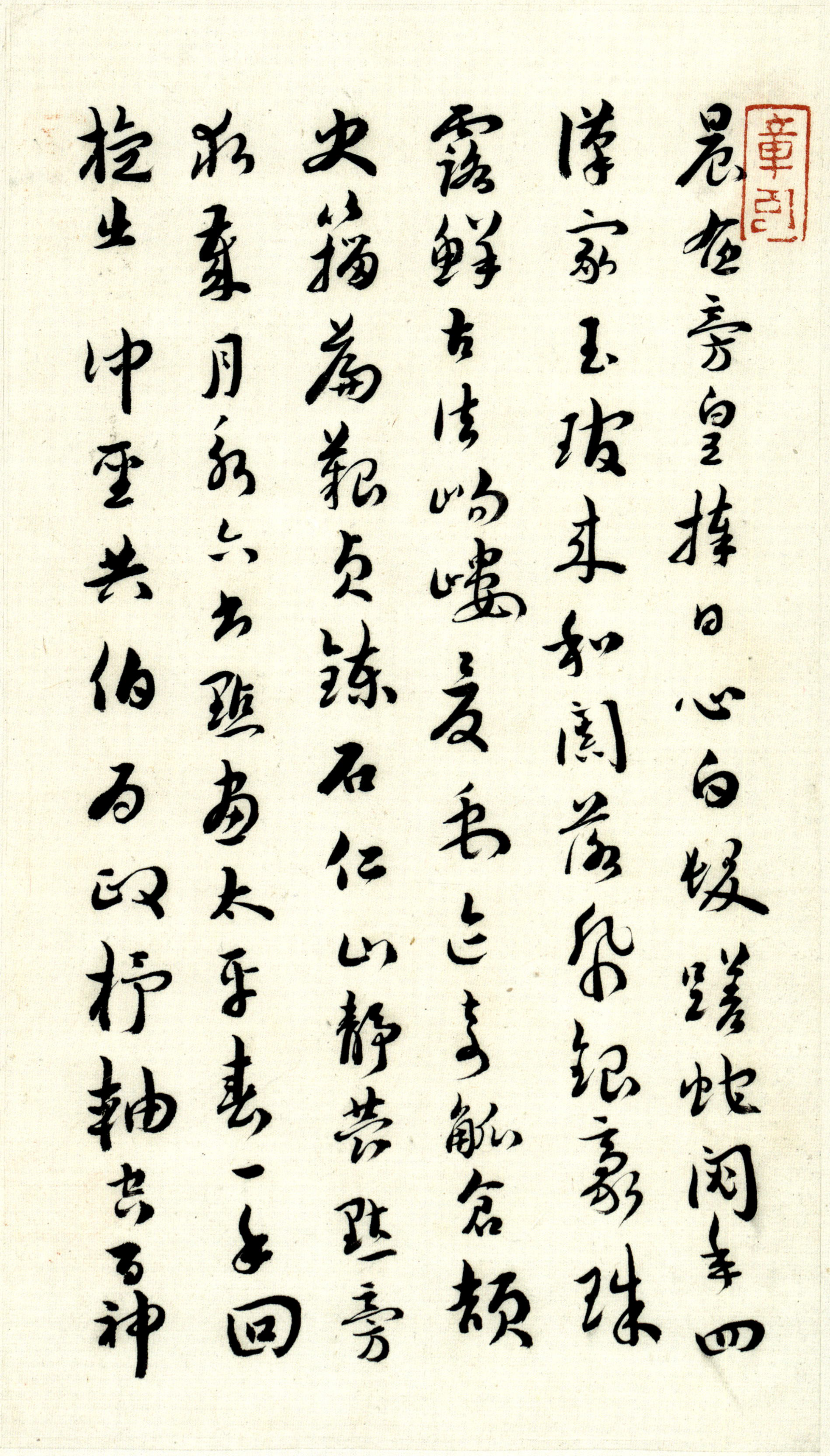

環衛天子宮周宣中興勒石鼓

日見兵台銷兵戢寶聯垂化民

父母戢氣上紹仁皇武臣體乾登

臣章授同頌聖功普天普

宣統庚申

健之同年篆

賣御題蜀石經篆文四大字辛巳用東坡陽

御書崇蘭殿詩韻恭紀於袁勵授

東平縣貴門北海天色安折節為龜魚龍性時一麾盡據汲家古近鉤孔
辟亭孤搨得陽雪李名泉雒緇畫平漢風鎔逮太和唐匪彥兩川驕龍戟衛
更嶂餅師賢相毋昭裔出徽景後左蒲田首鯉庭誨詹龕發新留安知非司馬文
采曉摳為珠符貽奕葉寶錫雜雲芝臣向日塲牘蹈踰庾叔時雄鴟衛九首
道消貴守雖居多錮石寶勿使羸灰嗟

簡之芝長襲收而牧蜀石經殘思不周心切益拙

乙丑三月秦樹聲

嗜古獲殘帙，快於威鳳見。矧分霄漢光，日華星有爛。詣君石經齋，如斗懸宸翰。仰瞻已悚肅，展卷弥歡歎。古意襲冰斯，飛灑天機貫。潤氣珠辭涵，墨采雲霞絢。多能聖餘事，已著沖齡旦。四海倒懸心，日夕誦雲漢。尺幅播垓埏，足副謳謌頌。孟氏昔盜臣，乘亂竊西面。猶藉

文事遺寵荷

奎章煥

潛德宥萬方奚啻愜清翫小臣蜀編氓對茲增

感戀

壬戌新正月中江王乃徵敬題

蒲津鏤板復鐫經，伐石功成百十齡。
禮殿東南堂久圮，晁張遺籍亦飄零。

蜀石經之刻創議於毋昭裔，昉自廣政元年，至宋皇祐元年乃竣工。席益記略言胡宗愈築堂於禮殿東南隅以貯石經。王深甫言晁公武參校經文不同者著石經考異，張㚟又為石經注文攷異。

漢唐箋注共駢羅，古本相承出太和。
若校勝朝南北槧，訂譌匡謬定應多。

趙谷林云

蜀石經有箋注小字校明南北
雝刻本其閒字句正誤甚多
國諱猶缺奉李唐非關蜀士避書祥
洪許王品皆精詣太息昭陵澤尚長
洪容齋王深甯均云成都石經於淵世民字皆缺畫猶避
唐諱晁公武云左傳於孟知祥之祥字缺畫吳縠之周禮殘
碑跋云翔字避
知祥之嫌名
古誼輖飢證薛君韋從元朗著單文

三家詩已成微學唐宋之間未放紛
阮文達三家詩補遺云蜀石經作惄如輖飢案
陸氏釋文調亦作輖音同知輖字出三家詩也
竟將廣政作開成務本坊前渺舊黌
時地紛棼非目驗寒山家學鶩虛聲
趙靈均金石林時地攷謂蜀石經在西安學
宮此明人考古之疏靈均趙凡夫之子也
芳林祕笈在吳閶曾記蘇齋攷釋詳

劍合延平頻滄趣集年樂事固應償
吳中陳芳林所藏蜀石經左傳殘本翁覃谿曾跋之謂字體
較開成差小錢竹汀亦獲見此本及黄松石二南郵風雨卷云是
集年樂事芳林此帙後歸梁茝林戊午
歲陳弢老為　君作緣今亦歸尊齋矣
晉江瀾粹府儒風自籀遺經補柳東
身值道光全盛日當張諸老倡鬲同
陳頌南藏周禮公羊蜀石經作石經考異補刊入籀經堂類
稿視馮柳東石經補考又加詳焉今亦為　君所得頌南官京

師曰与苗仙麓張皀齋諸老論學有題仙麓
皀齋論心圖詩余嘗題跋綜論道光一朝學派
抱蜀無言謹護儲幾同三篋得亡書
張辟非藏蜀石經周禮左傳穀梁為楊幼雲石筝館物辟非
自號抱蜀老人某日邀潘文勤吳憲齋王文敏諸公席間出示同
人有好事者匿之客散而老人大駭湘中二妙皆躭古
翌日始送歸此光緒初京師軼聞
手裒縑囊劫火餘庚子之亂老人所藏流入廠
肆為李亦元陳詒重二君所
得旋均歸
一君齋

璇題爚爚下層霄稽古殊榮邁衆僚翁阮潘吳無此福榜書直欲冠熙朝

君阮得諸家所藏顏其居曰蜀石經齋上親書齋榜以賜之復題孟蜀石經四字於簡端

敬題

健之世丈所藏蜀石經率成絶句九章即斲

教正

癸亥七月姪吳士鑑

西川殘霸鵑嗁歇江山未銷文藻石始青
珉開成翠墨氈蠟流亥多少遺經自裒
對廚几虹輝揭櫫鴻寶善本撫抄大義
一片瑞雲繚
天章倬漢喬麗是鸞迴鳳舞飛下蓬

島祕笈鐫華亭師悟設
家法珠林能紹微臣頌禱念游藝
沖齡中興禎兆十碣摹刊石文看再造
齊天樂　癸亥十二月　健之仁兄以
御題冊首篆文見示敬賦　朱祖謀

蜀經題字見龍翔虹月高
齋寶墨香今日
君恩徧湖海貞風凌俗仰
天章
孝胥敬題

宣統九年
御書貞風凌俗四字
賜臣鄭孝胥

宣統癸亥冬　劉健之觀察自申浦與余書告以
所藏蜀石經拓本左右采獲合成巨編前年入
朝蒙
皇上御題大篆簡端并
特賜蜀石經齋區額元彌聞言欽仰舞蹈不自已夫蜀
石經為海內僅有之本經注文與今本多異阮氏
元毛詩校勘記嘗論其略段氏玉裁經韻樓集讀
詩序禮經二注篇又亟稱關雎序石本之善經師

論定無待贅言惟當茲運厄陽九禮樂分崩聖文
殘落倍蓰新莽亂時而儒臣抱殘守缺如彼
聖上稽古同天如此此豈非乾坤不息而義畫堯典周
禮孔書以來人倫攸敘之天下不終淪為榛狉蹏
迒之明徵耶憶光緒甲辰
朝廷詔天下立學蘇州正誼書院始改學堂　觀察
延余主講余謂學莫先明倫首舉孝經大義授諸
生　觀察深然之賓主相得至懽每論世道人心

之變籌挽回補救相與慨乎言之豈意滄海橫流
竟至於此天道循環長夜待旦他日三雍講藝
四庫收書 觀察將以是本精摹復刊放阮文達士
禮石經校勘記之例辨章得失因舊加詳上備
天祿琳琅之藏下資函丈青衿之肄一卷之書而神
運聖教可默參其消息焉卦月直臨歲行將起中
乎敬抒愚陋繫言卷後

吳縣曹元弼謹跋

奉題
健之仁兄所藏蜀石經拓本
熹平鑿石琛經文中郎書之太學門後來繼者
魏三體篆隸科斗何紛編有唐開成宋嘉祐當
時鐫刻磨不磷二千年來委塵劫流傳墨本嗟無
存國朝經生事揅討嚴丁臧馮皆洽聞安得置身
當漢季四十六枚觀其真盧江劉侯嗜古者區區不憚
搜訪勤孟蜀殘拓希代寶輾轉獲之海王村周官
左氏及公穀零篇斷帙彌可珍光豊迄今盛題詠不

與凡籍同湮淪由来龍劍終合併物聚所好歐
公云磊落
宸翰照縑素精采爚爚騰高雯拜觀肅然生悚敬
商彝周敦甯足論自從長興鏤板出剞劂不
復求貞珉學者披誦雖簡便考證古義誰問津
何況邪說日蔓衍大道有若芻狗陳天祿瑰奇
石渠祕十九流落瀛海濱劉侯抗心眷邱索對此
孤本神爲欣冢碑寺碣尚寶貴矧茲聖賢垂

訓尊五季自昔稱亂世猶知六經當尋温昌若
今日掃地盡吐棄周孔同狂榛岣嶁岐陽往蹟
在冥冥呵護俱有神展玩此冊三歎息斯文未
墜資傳薪

甲子十一月趙啟霖

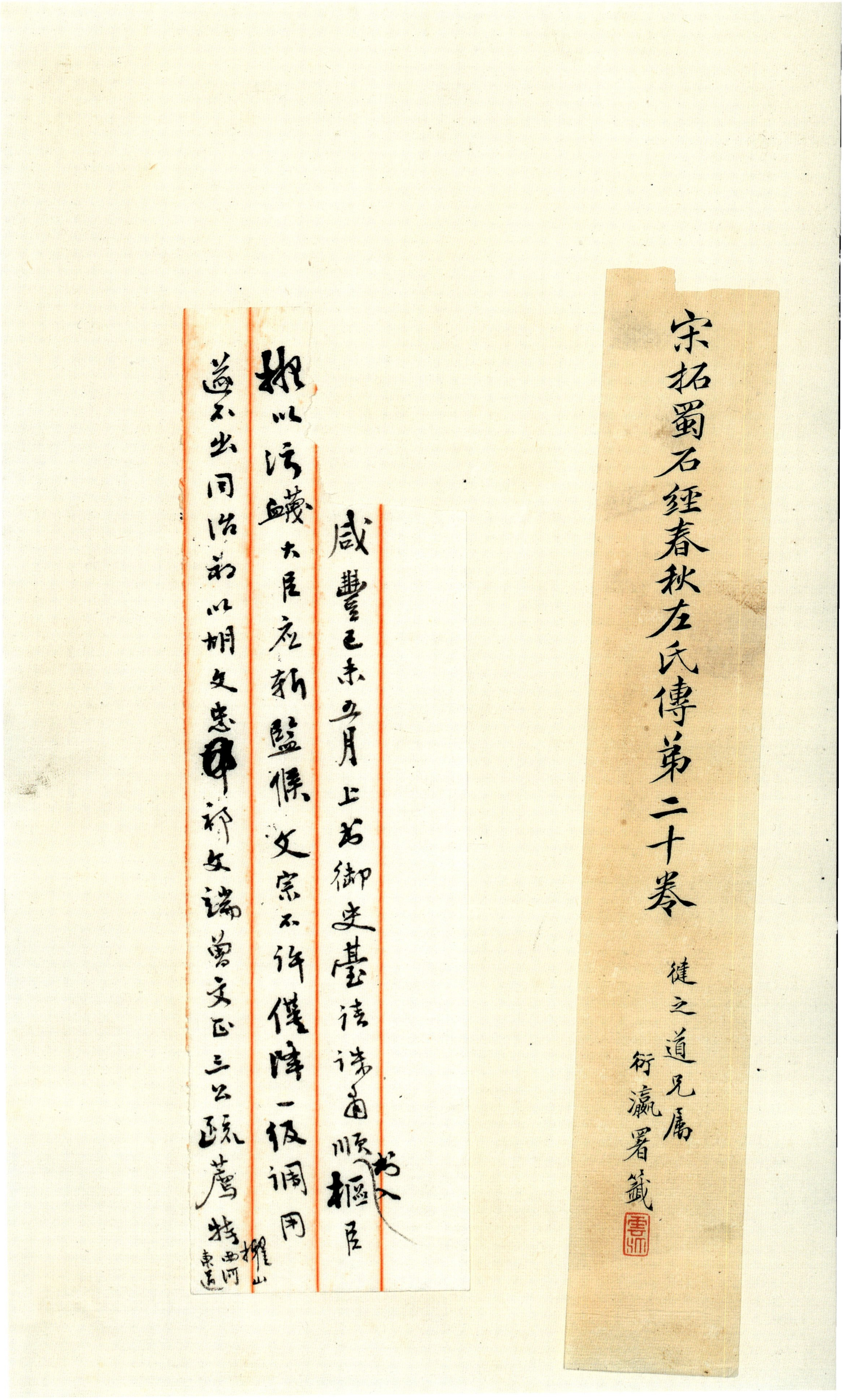
咸豐己未五月，上爲御史臺諸諫官，肅順樞臣
擬以污衊大臣應斬監候，文宗不許，僅降一級調用，
遂不出。同治初，以胡文忠[illegible]祁文端、曾文正三公疏薦，特擢山西河東道。

宋拓蜀石經春秋左氏傳第二十卷
健之道兄屬
衍瀛署籤

訓尊五季自昔稱亂世猶知六經當尋溫昌若
今日掃地盡吐棄周孔同狂榛岣嶁岐陽往蹟
在冥
墜資

蜀石經序

物常聚所好情必有所鍾自古皆然於今
爲劇吾友劉健之觀察舊藏蜀廣政石經左傳都字若干
公羊都字若干穀梁都字若干周禮都字若干寔以委宛
價重連城羅象殘編屬爲心引窮考石經之刻歷代所傳
有一二三字之殊科定五三六經之正則風霜易刻惟唐
爲最完經傳並鎸在蜀爲尤備公武所考尚窺文豹之全
嘉熙以還竟等黃鵠之逝偶拾墜字獲若真珠之船特採
遺文捨入碑金之集況萃衆家之[illegible]

文琳琅照室今以版本經注考證異同校冷止正之形誤
訟埆踪迹之義別不敢尚少之脫敢之字于婦之奪于凡
茲異字同音皆足繩箋訂傳至若書之雲夢夾土則非
周禮之祭軓作軌斯庚論語季三夏而作左付遺亦物之
古大部賸簡流付堪作全經羽翼又況知祥之不避親諱
乃知道巘互據三付之不署書人悉用太和舊本往亦洪
文敏贊其字仿趙吾齋季以手摹萊果同甘鐵煙共者雖
回歸古猶甚舒予嗟乎西蜀偏隅尚儀型乎聖典東宮小
印竟流落於人家展卷流連增予感喟

陶廬

後唐五代晦盲極孟蜀
猶能刻石經孤本東宮
存巨冊千年珍護有神
靈
星辰紀纏賜書樓東

璧光芒世傳求歷代帝
王誰擅篆
冲齡揆古仰
雲虬
皇上題孟蜀石經四篆字謹仰讚歎

孟蜀石經元明少見
健之觀察兄乃能搜藏左傳周官
公穀四經皆約數十五萬字入手大
快矣乙丑冬至後三日獲觀之于
謂眼福佛經印度已失全本

中國以大乘之孔經左闕宋石經
而注家唯廣改石經之公
羊何注皆孔子口說尤足重
雖宋人補刻而亦附蜀石

以傳後复蓋宋而中國文字
為支大義所繫不致磨滅萬億
年後考經考文較
健之以傳健之亦遠萬億年不
朽爰速謝石印以傳之康有為

益州寶刻鳳羽虬鱗護經香球辟祧唐

縣宋憑證取嘉祐開成沿革殘珉潛曜

幾胝沫承平者碩問等閒豐劍荆弓尚

帶滄桑顏色　前塵鴈影齋空憶酒畔

春鐙醉燈瑶箋（光緒中曾於李上元齋中見之）雲烟欲遊輪

鄴架百衲天教成集晨星傳本祇一二

遺珠難覓卜滕緣珊網終收叟許十經

題寶 瑶華

健

之仁兄得楊幼雲張壯憲李亡元所藏蜀石

經又續收陳芳林陳頌南兩本自署所居曰

蜀石經室此外見著錄者僅黄小松趙晉齋石

二家不知尚在人間否物聚所好劍合會有時

耳詞以貺之乙丑春分節江陰夏孫桐

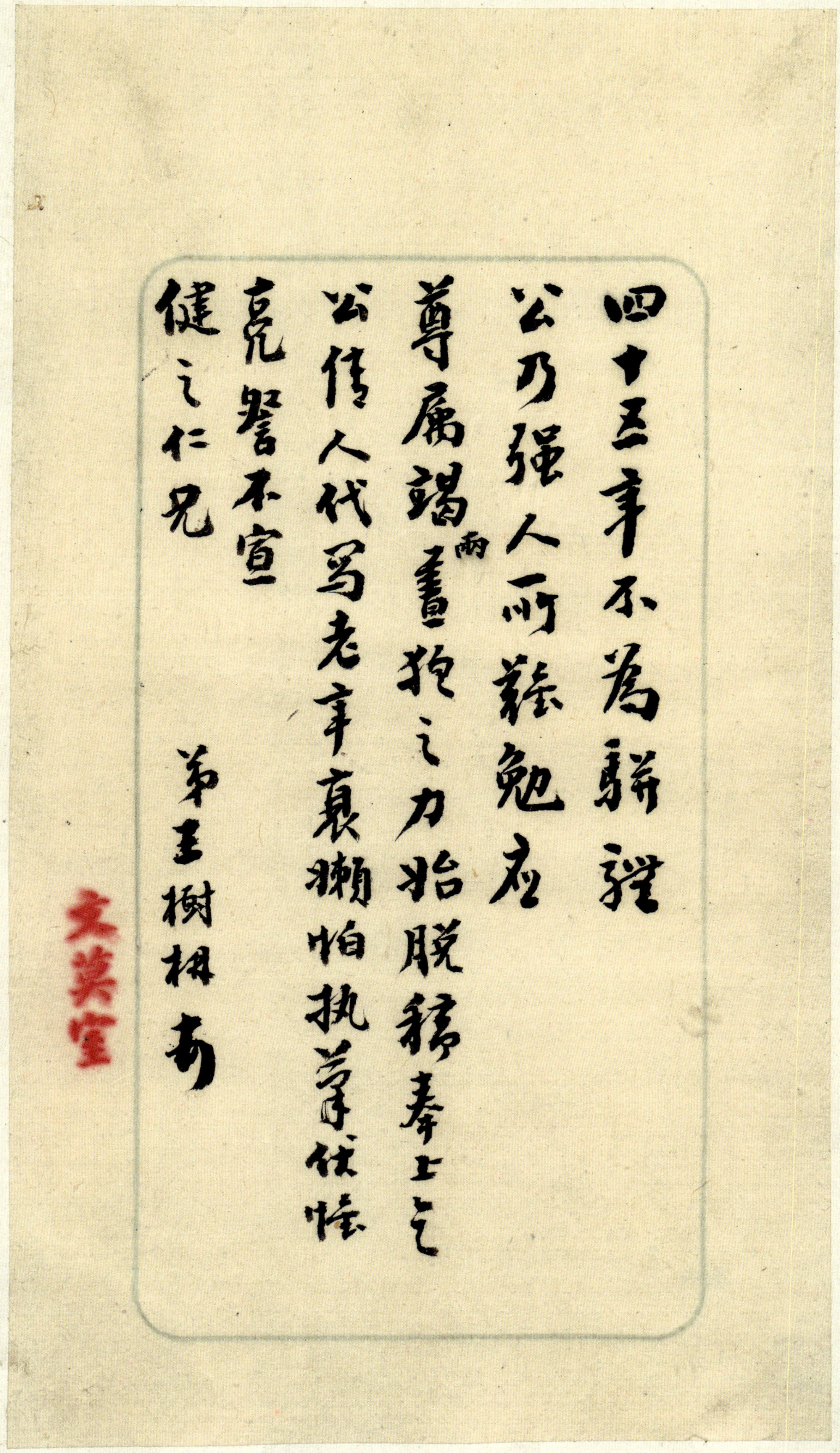

四十五年不為聯誼
公乃強人所難勉應
尊屬竭兩晝夜之力始脫稿奉上之
公倩人代寫老年衰懶怕執筆伏惟
亮詧不宣
健之仁兄
弟王樹枏頓
文莫室

蜀石經序

物常聚所好，情各有所鍾，自古皆然，於今爲劉吾友。劉健之觀察舊藏蜀廣政石經左傳都字若干，公羊都字若干，穀梁都字若干，周禮都字若干，寶以委宛，價重連城，叢彙殘編，屬為小引。竊攷石經之刻歷代所傳有一二三字之殊科定三五六經之正則風霜易剝惟唐為最完經傳鐫在蜀蜀尤備以武所考尚窺文豹之全豕照以還竟等茅鵠之逸係拾墜字獲窮其珠之船博採遺文擷入碎金之集况萃諸家之寶蕞殘滿車披五厄之文琳瑯照室今以版本經注糸

證異同佮詮止正之形譌說墉踪從之義別不
敢當夕之脫敢之子于歸之奪于凡茲異字同
書皆足繩箋訂傳至若尚書之雲夢夷土則
非周禮之祭軓作軌斯戾論語本三嗅而作
左傳遺六物之占大都牘簡流傳堪作全經
羽翼又況知祥之不避親諱乃書道巘互譌

三傳之不署書人悉用太和舊本往者潛文敏贊其字體趙晉齋重以手摹葉某同甘鐵煙共嗜館日好古精其餘事嗟乎西蜀偏隅尚儀型乎聖典東宮小印竟流落於人寰展卷流連增予感喟

乙丑三月新城王樹枏撰長樂林開謩書

石墨奇緣圖
陳芳林舊藏蜀
石經左氏傳第二十
卷經注六百六十二字
戊午十一月
陳弢厂太保為之作合還
健之先生因為寫圖
以誌喜也蕭愻并識

宋拓蜀石
經春秋左

戊午十一月
健之七兄命題
沅

蜀石經左氏傳殘本
退菴藏
孟蜀石經
蜀石經左氏傳殘本

子也夫子韓起君子有信其有以知之矣[illegible]十年齊欒施高彊來奔張本自齊聘於衛衛侯享之北宮文子賦淇澳淇澳詩衛風美武公也言宣子有武公之德[illegible]子賦木瓜木瓜亦衛風義取於欲厚報以爲好夏四月韓須如齊逆女須韓起之子逆少姜齊陳無宇送女致少姜少姜有寵於晉侯晉侯謂之少齊爲立[illegible]以寵[illegible]

請陳無宇非卿欲使齊以適夫人禮送少姜執諸中都中都晉邑在西河界休縣東南少姜為之請曰送從逆班班列也畏大國也猶有所易是以亂作韓須公族大夫陳無宇上大夫言齊畏晉改易禮制使上大夫送遂致此執辱之罪蓋少姜謙以示譏叔弓聘于晉報宣子也此春韓宣子來聘晉侯使郊勞聘禮賓至近郊君使卿勞之辭曰寡君使弓

來繼舊好固曰女無敢爲賓徹命於執事敝邑弘矣徹達也敢辱郊使請辭辭郊勞致館辭曰寡君命下臣來繼舊好好合使成臣之祿也得通君命則於己爲榮祿敢辱大館敢不敢叔向曰子叔子知禮哉吾聞

也主辭不忘國忠信也謂稱舊好先國後己

讓也始稱獻邑之弘先國也次稱臣之祿後己也詩曰敬慎威儀以近有德夫子近德矣詩大雅秋鄭公孫黑將作亂欲去游氏而代其位游氏大叔之族黑爲游楚所傷故欲害其族傷疾作而不果前年游楚所擊創駟氏與諸大夫欲殺之駟氏黑之族子產在鄙聞之懼弗及乘遽而至驛使吏數

今秊在京師兩見蜀石經以青陽吳氏所藏公羊傳闕為冣富大興鄭氏左傳襄公卷次之余皆有記及詩冬杪南游吳门門人梁平仲出此册一歲中三見矣書此以志眼福道州何紹基

之責數其罪曰伯有之亂在襄三十年以大國之事而未爾討也務共大國之命不暇治女罪爾有亂心無厭國不女堪專伐伯有而罪一也昆弟爭室而罪二也謂爭徐吾犯之妹薰隧之盟女矯君位而罪三也謂使大史書七子有死罪三何以堪之不速死大刑將至再

稽首辭曰死在朝夕無助天爲虐子産曰人誰不死凶人不終命也作凶事爲凶人不助天其助凶人乎請以印爲褚師印子晳之子褚師市官子産曰印也若才君將任之不才將朝夕從女女罪之不恤而

右孟蜀石經昭公二年傳凡卅有五行行或十四字或十五字
字視開成石本差小字體亦略近之伯有之亂句注誤多一字
餘與異曾宏父石刻鋪敘云益郡石經春秋左氏傳三十
卷蜀鐫至十七卷止凡三傳畢工於皇祐元年己丑九月望
日帥臣樞密直學士京兆郡開國侯田況益州路諸州水
陸轉運使曾穎提點益州路刑獄孫長卿暨倅僉皆
鐫銜於石成都志又謂公穀田況所刻又云詩書三禮不
書歲月春秋三傳則皇祐元年訖工宋有天下九十九
年矣通蜀廣政元年肇始之日凡一百一十二禩成
之若是其艱也按此則左傳十七卷以前蜀所鐫十
八卷至三十卷入宋以後所鐫也然是至宋始畢工非宋
刻補附也即以宏父所引成都志謂公穀二傳爲田況
刻則左傳是蜀京刻

宋之日耳至於孟子十二卷方是宋人補刻石經[illegible]也而謂蜀石經之左氏傳亦出於宋人所補也又晁公武郡齋讀書志云蜀石經左氏傳三十卷不缺唐諱及國朝諱而缺祥字當是孟知祥僭位後刊石穀梁傳不缺唐諱蜀諱而缺恒字知刊在真宗以後意者其田況乎據此條則左氏傳刊石於孟蜀時尤可證也晁志又云左氏傳不著何人書詳觀其字畫亦必蜀人所書也又晁氏讀書附志云孟蜀石經惟三傳至皇祐初方畢故公羊傳後書云大宋皇祐元年歲次己丑九月辛卯朔十五日乙巳工畢然則三傳之畢工直至皇祐時耳非左氏傳畢工於皇祐也第拓本絕少其在於今真虬甲鳳毛矣春烋內外傳芳林既皆精心攷正著有成書為功經訓甚大望

造物以帝有之物畀之雖寥寥殘葉何嘗球璧視
之耶予昔聞此覬幸一見而未得遂令按試南昌而
芳林假守吴城其裒冊適自杭寄来鄱以見示因
爲考次其略書於冊尾併系以七言詩一篇云
響山書屋蜀石經六紙想像存畸零十秊思之今
始見開成楷瀍疑模型書人書時俱莫孜諱祥
想在孟氏迮九經十經同記載三傳二傳別渭涇以
儕紹文与朋吉四門館並燈熒熒太咊開成厺百載
文翁石室垂精靈戕波瘦茶竟何補中有汗仞當
時青六物之占賈服本征南集解所未聆此紙傳文
昭之二前十七卷誰畦町皇祐之前廣政後亂龍片
甲鸞一翎鼂家孜異不可覿四十六科鐘扣莛澓
閬重開瀟石隸越州空想鄱陽銘芳林先生擅

昔曾摹越州寧恨不同跋鐫岭嶅楊南仲篆尚餘
幾胡元質語信可聽安得鄱陽續滴喜与君日
日同窓檽
乾隆五十二年歲在丁未夏六月六日書於南昌
使廨之蓬鶴軒北平翁方綱

治泉老友著有內外傳考正為士林所重嘉慶辛酉
秋捐館後始從長君啓宗索觀蜀石經數百字
不勝人琴之感因請錢少詹竹汀作跋瞿木夫
亦和霅溪詩韻於後為壬戌清明日玉裁記

蜀石經春秋殘本，正文三百九十五字，注二百六十七字，皆昭二年傳，左氏之第廿卷也。據曾宏父石刻鋪敘云：益郡石經左氏傳卅卷，蜀鐫至十七卷止，此殘字在十八卷以後，或疑宋人續刻。今攷成都志但云況穀田況所刻不及左傳，此本遇宋諱初不缺筆，其出於孟蜀無可疑者。宏父雖云春秋三傳皇祐元年九月訖功，而孟采成都志之言，則固不以左氏傳為況刻也。詩書禮記周禮皆有書人姓名而無刊石年月，儀禮刻并無姓名與左傳同大約諸經書石本同一時而卷帙有多寡故鐫成有先後之殊工成或在宋代字畫實皆蜀刻左傳於諸經中文字最爲鐫成亦最在後唯公穀二傳廣政中未有寫本直待田況續成之耳攷蜀之亡在宋乾德三年乙丑距皇祐元年己丑八十有四年使左傳果刊至十七卷止僅存一十三卷何至遷延八十餘年始告成事耶嘉慶辛酉〔壬戌〕三月觀谷泉先生藏本因爲攷止如右竹汀居士錢大昕識

茂堂段先生以 陳芳林明府所藏孟蜀石經左傳殘本見示即次冊中
翁學士韻 王鐘祥寫蓮華經紺塔歷刦多飄零去年友人攜以眎楷法
尚有唐儀型柰何孟蜀九經刻殘字屢得儲 彤廷 內府藏毛詩半部 芳林先生今貫服孫
解經證析渭涇豐城作令識劍氣獲此至寶光晶熒輕裘載歸傲康石物得
其所文真靈我聞汲汲訪石室冊中空望蓬萊青神仙之境不可即伏生口授音
難聆 去冬訪明府於虎邱未得 前繼開成後嘉祐安得於此分畦町酉陽齋頭今忽睹如覩天外
墮鳳翎細溯原流叩梗概一時欲撞洪鐘莛公言武林有一本天天恐鞠心常銘山谷家
中實藏弆張君親款嫏嬛扃 張賓鶴於黃松石家見之 我膺唯唯挾冊走直判一僧酒罄瓶踈來
挑鐙細校錄墨采眩目如奔星文爲昭公二年傳征南注茲雕岭螢六物之占證冊府
先生言冊府元龜 李君筆記並道德 六硯齋筆記曾見 長歌追步記歲月癸亥十五歲暮千

標

壬戌清明嘉定瞿中溶書於古泉山館

宣統己未臘月嘉興沈曾植敬觀

庚申九月長沙余肇康敬觀

嘉慶十一年丙寅人日陽湖孫星衍觀於安德使署之平津館

道光壬寅四月阮元觀于節性齋

道光辛卯十一月廿七日虎林江鳳彝句吴錢泳同拜觀於江蘇藩署之箴白堂

中郎矩型覓莫稽蓬萊閣石如斷珪嘉祐光堯並湮墜
何況蕞尔龍岡西寥〻數紙左昭傳四十六科孰指迷
六物之占事亦近獨不得證賈服歧書人書時缺附筆
楊張孫周知繫誰諱祥諱察要足據孟家上石當無
疑鮚埼亭中廿年夢廣仁帙尚存雕饑蘭泉萃編又
晚出僅執摹本分町畦側聞宋贄昔徵引廣政似壓
開成遺闕成無注此特備風行江左當年宜胡然類
落百無一畫化基壞揚泥厌歷劫塵餘幸留此歸

騶益郡原鐔惟松石湖墅互得失谷林往矣芳林追（黄松石趙谷林及湖墅王家皆藏毛詩殘本者此冊為陳芳林郡丞所藏）芳林寶又莚林獲墨緣巧遘非人為蘇齋十載覿一見跋尾不惜千圓贖八百年前好楮墨南州悔未同鐫治竹汀居士經韻叟但憑眼福相矜奇古香冉冉入我室欲冠諸帖爭虹輝禮殿東堂久離闕合州賓館倘在茲且續鴈全作詩話莫隨謝客嗤中葵

道光辛卯冬季重裝畢題此 福州梁章鉅

右孟蜀石經殘本爲元和陳芳林郡丞舊藏，今歸余篋所存昭公左氏傳六紙，凡三十有五行，行或十四字或十五字，注在每句之下。後有蘇齋師長跋及詩，又有段若膺、錢竹汀二先生跋，皆辨左氏傳亦刊石於孟蜀時，惟公穀二傳爲田況所補刻，至宋皇祐初畢工。按晁公武石經攷異云：蜀人太石蓋十經，孝經論語爾雅廣政甲辰歲張德釗書，周易辛亥歲楊鈞孫逢吉書，尚書周德貞書，周禮孫朋吉書，毛詩儀禮禮記張紹文書，惟左氏傳不誌何人書，而祥字闕其畫，太必爲蜀人所書。又校經文不同者左傳四十六科，及昭公十二年六物之占左宋衛陳鄭云〻。又全謝山結埼亭集程克齋議蜀石經春秋以甲午爲申午，以癸卯爲葵卯，此皆應於左氏傳中檢勘者，今此本寥〻數紙，均無從證驗矣。全謝山謂宋人所稱引皆以蜀石經爲證，而不及唐石經者，其故有二：一則唐石經無註，蜀石經有註，故從其詳；一則南渡後唐石經隉於陝，不至江右，故當時學官須行之本皆蜀石經不知五百年以來何以漸滅殆盡余按顧亭林攷證唐石經至詳而於蜀石經則絕無論及曹能始四川名勝志云諸刻本今皆不存惟禮記數段在合州賓館中則在前代竝拓本已屬難得近畢秋帆尚書撰次金石最爲閎博其跋黄小松所得熹平石經殘字以未見蜀石經爲恨惟王蘭泉侍郎金石萃編載毛詩卷首之後半及卷二肰尚是據吳中所摹湖墅王氏本而實未見黄氏廣仁義學之眞本也廣仁本爲黄松石故物松石即小松之父松石没後其本歸趙谷林曾招集厲樊榭全謝山共觀賦詩據谷林詩自注則在當時首卷本全故厲詩全跋皆舉調饑作輖饑爲異文正在首卷之前今萃編所載已無輖饑字知摹本亦已殘缺而蘇齋師則竝此毛詩摹本亦未得見其於此本先得之百間後竟無緣收之篋笥故詩中有十年始見之句信乎此本希有而僅存眞當球璧奉之矣既係以詩因復次其大略俾後有攷焉梁章鉅載識

漢熹平立石經始苐五本成蜀廣政僭朝偏霸解重儒玉霄此
舉所見僅是年國政已寖弱瑞蒙猶聞記銅印相臣按雍首經
畫時閱八秋工未竟公羊傳繫宋皇祐可證諸經皆早定胡家
作堂久傾廢斷石牛蹄幾蹂躪人間搴本見絕鮮空想成都文
學盛昭二年傳紙數番秘笈誰收脫灰燼德劍逢吉疇所書太
和開成真季孟　安定先生眼如月泛海珠船獲琛賣錢題段
跋語盡遒北平詩篇更奇勁官衙鼓静罷僚謁退坐焚香發清
興長吟石鼓昌黎韓〻扶經心高密鄭若留全傳答膏肓四十
六科應指正　先生博精文選理宜與毋卯聲氣應米齋書畫
十萬軸是夜虹光騰寶晉　苴林先生正　朱綬呈稿

岐陽獵碣蒐賢詠昌黎以後推東坡詞人率皆慕奇古詎若經義行江河鴻都門外有遺製繼述摹範前朝多孟蜀僭主能尚學文翁石室車頻過時維廣政紀元載貞珉採擇從岷嶓詩書三禮先蕆事逮及盲左功蹉跎其初成者十七卷入宋纔得全鐫磨公穀續刻出田况此仍蜀手非由他細參晁氏郡齋志觀彼諱缺知無訛猗嗟西州片隅耳乃克建立碑嵯峨惜哉桑海幾更變淪落難覓邱山阿迄今零賸僅六紙不隨荊棘埋銅駝昭二年傳文數百圓貫都似珠翻荷當日繕寫果誰子橫几想見精戈波羸秦隸體久沿襲奚須鬱律誇蟲蝌壇代頡與晚唐近開成所勒應同科至漢一字魏三字未識較視終云何碣来搨本漸稀少珍重昌齊金盤陀芳林司馬著譔富祕笈曾獲勤摩挲翁瞿蒿什錢段跋綴尾疑結珊瑚柯流傳舊物歸雅好又向瓦研齋中羅鑒衡夙擅名蹟夥藉茲作冠輝羲娥（君詩有欲冠諸帖爭虹輝之句）我昔葩經覩殘帙陳生寄贈鮮如瑳（金陵陳生宗摹刻蜀石經毛詩殘字曾寄余）天幸君復示瑰寶急除塵坋晴窗哦庚子肅拜念誠切題識敢媲韓蘇歌講堂歲葺快吟賞冰厓縷縷毫端呵

芷林五兄同年屬賦即請　正句

道光壬辰初夏蘭坡朱珔呈艸

孟蜀廣政李十經斷碑殘碣多飄零六紙
僅留左昭傳易林寶此存儀型是時成
都富文學洽創建古因一遂戩筆諦詳
復諱察蜀刻宋刻分渭涇開朱楷法此
其亞未許田况兮餘焚書人生時予鄭
重呵護彩七文翁靈崇儒殘瑞固其理
篆文八十銅印青胡為卌卷湮滅申午葵
卯空耳聆八百餘年等灰燼四十六科
孰睦町堪青吾齋墨緣丞吉光片羽

齋一翎蘭泉所援僅摹本管窺奚異鐘、撞筳輯錄亦載廣仁帙安得並几偕題銘合妙賓館起遲招貞珉無復東堂扃谷林湖墅極搜討所守之僅同挈瓶毋昭鏤版乃盛舉没先經訓懸日星崇勉庭榭不可問晴虹直貫峨眉巔跋錢望古並遂集蘇齋譽款尤可聽且為鴻都作後勁古香冉冉同窗櫺 早

道光壬辰冬十月步覃溪先生韻 重庵

光緒七年十二月十日南皮張之洞觀

此冊為楊甘州廷傳所藏文襄留觀累月據晉行前一夕始題而還之比余再至都則已歸
力農部劉吾友劉健之觀察既有周禮三傳諸冊都四萬六千四百餘字聞予言亟力致自
是孟蜀殘刻幾盡為君有矣人世遷嬗數十年間一物而係今昔之感猶喜其類聚於所好也
乙未十月十日陳寶琛識

蜀晉隱請題蜀石經謂我能作覃溪詩晴窗呵凍試走筆聱牙
詰屈窮恢奇我云文字奚有當風騷疋頌隨所施大夫九能多韻語
豈限言志心所之倉頡篇暨急就章效者昌黎樊宗師覃溪
焉能創獲校鈔書豈詩窅所譽後每刺史隳皇綱知祥峽
起天西陲石經開國即肇於中原塗炭堪歔欷開成完足不足
貴關中如山堆唐碑凡物罕者乃見珍殘磚斷瓦爭護持此本
僅存數百字魯昭二年傳抱遺終請以印為褚師斷自棄施字子
旗如魏殘字姬齊 隸續載魏三體石經八段排比 大史上書[illegible] 如漢殘字終以蕃十非

漢石經藁作剛

覃溪賦詩屬跋尾，竹汀樾生手追隨，而筆畏寫与宋寫，諱祥諱察示諱，知凡茲缺筆儼鍥槧，曼多微在俗則歧。襄三十年衍一字，阮校勘記辨豪釐，每行字亡無定數，十四十五難規規，多者乃至十七八，是傳是注宜離辭。第十八行竟全缺，孰視無覩獨何居？潛研堂有金石跋，与此題字頗異詞，馮教授據錢摹本，改異兩則殊待疑。所云改易作故易，及毀遂字當改為。今觀此本本作改，从𠀤从古分指撝，上大夫遂下有遂，不識誰奪從何時？又於此行十九字，擠寫胡不據差池，可知致誤失眉睫，何止甲癸訛申葵。伯淵伯元惟署疑款，木夫楳溪快飜披，抱就中蝬空見最夥，識全但聞校調飢抱冰。紙尾已千古，退庵藏弆今在茲，雲煙過眼類如此，西蜀北宋誰高昇。屬

庚戌大雪後五日為

嘗韵下落桐城父派桒攷据韻語作跋聊量移十四字

醫隱先生賦長句三十二韻於京師舊秀野艸堂。陳衍

有客示我蜀石經春秋斷簡左氏傳其字萬有二千餘宋紙宋韌敝
唐絹東宮書府印完然屢眼已驚烏石片細看銅畫歐法貞觀
遺風猶未變鴻都三體腃殘隸開成勒石名久擅蜀刻經注獨
兼存雕版并出較精善惜哉蠹蝕兵燹餘石室摧隤焚宮
徇流傳至今二三策往往咨嗟動耶彥趙古林所得毛詩殘本厲樊榭全謝山諸人皆有題跋錢竹汀皆見左傳殘字數為襄年樂事近皆陳碩南慶鏞亦得周禮考工記公羊殘本見楊湘筠寶臣跋記此本得之式古堂或是晁
右經殘異洪容齋隨筆昔所見楊君作記歎希有好古諸公瀏覽徧漢唐源流
多著錄巴蜀文雅鮮論譔張德縱文劍楊鈞孫逢吉朋吉周德躬畫能事僕射研
經亦妙選毋昭裔離披鐔蠟尚神采卓犖山川有書卷峨眉缺月秋掃
空三峽餘波浮如練書字競誇元和腳世人但李蘭亭面杜豪欲補
金石編歐趙前頭敢輕銜　畫下落其字

右稷軒亭後集宋拓蜀石經殘本歌自注首行題春秋經傳集解襄二第十五次

行題杜氏畫十五年另是一殘本其詩中小注云竹汀曾見左傳殘字數爲袁手
樂事無此本竹汀題跋有此語則潛研堂集寫定時所自增改余詩所謂潛研堂有
金石跋亦無此題字頗異詞也醫隱屬余爲録前詩并記　石遺老人

癸丑重陽後一日桐鄉勞乃宣敬觀

宣統癸丑九月十二日番禺梁鼎芬拜觀

宣統戊午十二月廿八日甯海章梫拜觀

宣統己未正月廿六日番禺商衍瀛開州胡嗣瑗
同拜觀於　健之蜀石經齋　嗣瑗記

己未三月十二日瀋陽商衍鎏拜觀

宣統己未四月初九日湘鄉陳毅拜觀

宣統十二年庚申九月二十六日王乃徵拜觀

蜀石經齋命已寫蜀石經冊墨索濡劉侯打門
對諾青豎望不上進詳東嗟年行儀甚善本
四十六斛靡楊槃覆監本与校監本漆校久矣
長興初何況紹興遠紀岳隆准想像雲仍餘
輕心棹以蜀監本一言不智蘭泉呼毋昭裔要者
族歎祖本致出開之儲校本已同文選刻毋昭裔請刻板
印九經見玉海並蓋即岳氏所稱蜀大字本也石本求欲補鄭覃疏庭圍卅
萬迭鐵蕤句林孫張門館俱濡昭裔孫尚孟昶女子守素入宋籍庭田荼園以贍
詔敕其直三十萬句中正等皆其館客並見宋史刻先奏後事可想彼固私鐫
亚宦摹句家孝經事可列不比也二蜀至尽

棠僞蜀臣在朝篤思舊據杜紀年其忽諸
降王入朝外戚從十七卷止滄桑歎九十九年
京兆補清獻記為舊聞抒偉金獨瓣續茲
偉依大和舊傳誤多晁張致異紙不傳
望古今我長雖盱後來重鎸勘唐蜀表章
彼相期君是藝風老人囑雲表叢疑恨遲
析疑孤寒燈老眼恐躊躇古事聊問王文舒

蜀石有注者石無注祖本非一了然後來雖都閱成云云皆成都記文字一依太和之舊一語啓之晁氏亦知其非不察言意當譯在政異耳

宣統己未臘月立春後八日呵凍為
健之仁兄題
寐叟植

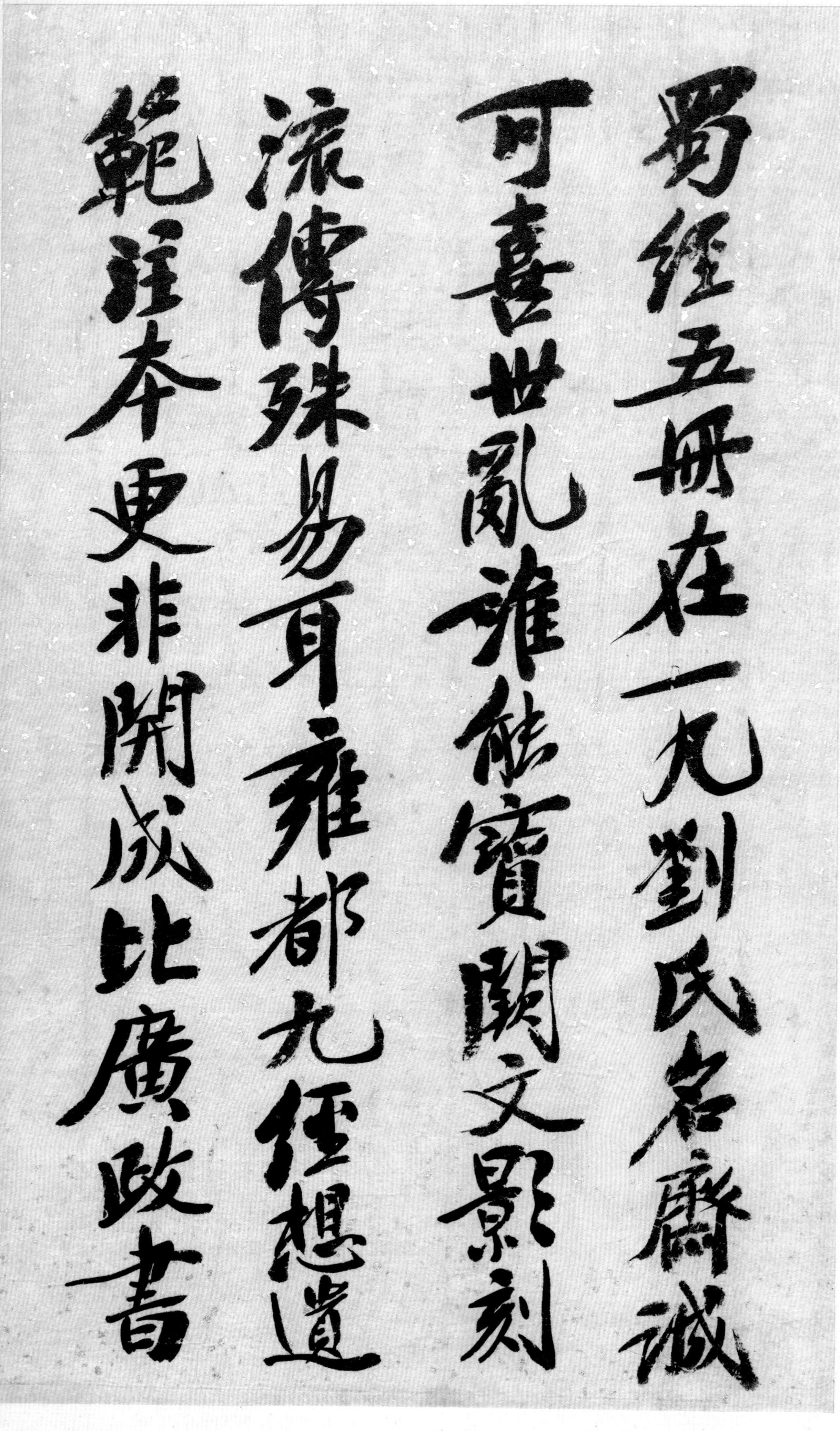
蜀經五册在一九劉氏名齋識
可喜世亂誰能寶閲文影刻
派傳殊易耳雒都九經想遺
範註本更非開成比廣政書

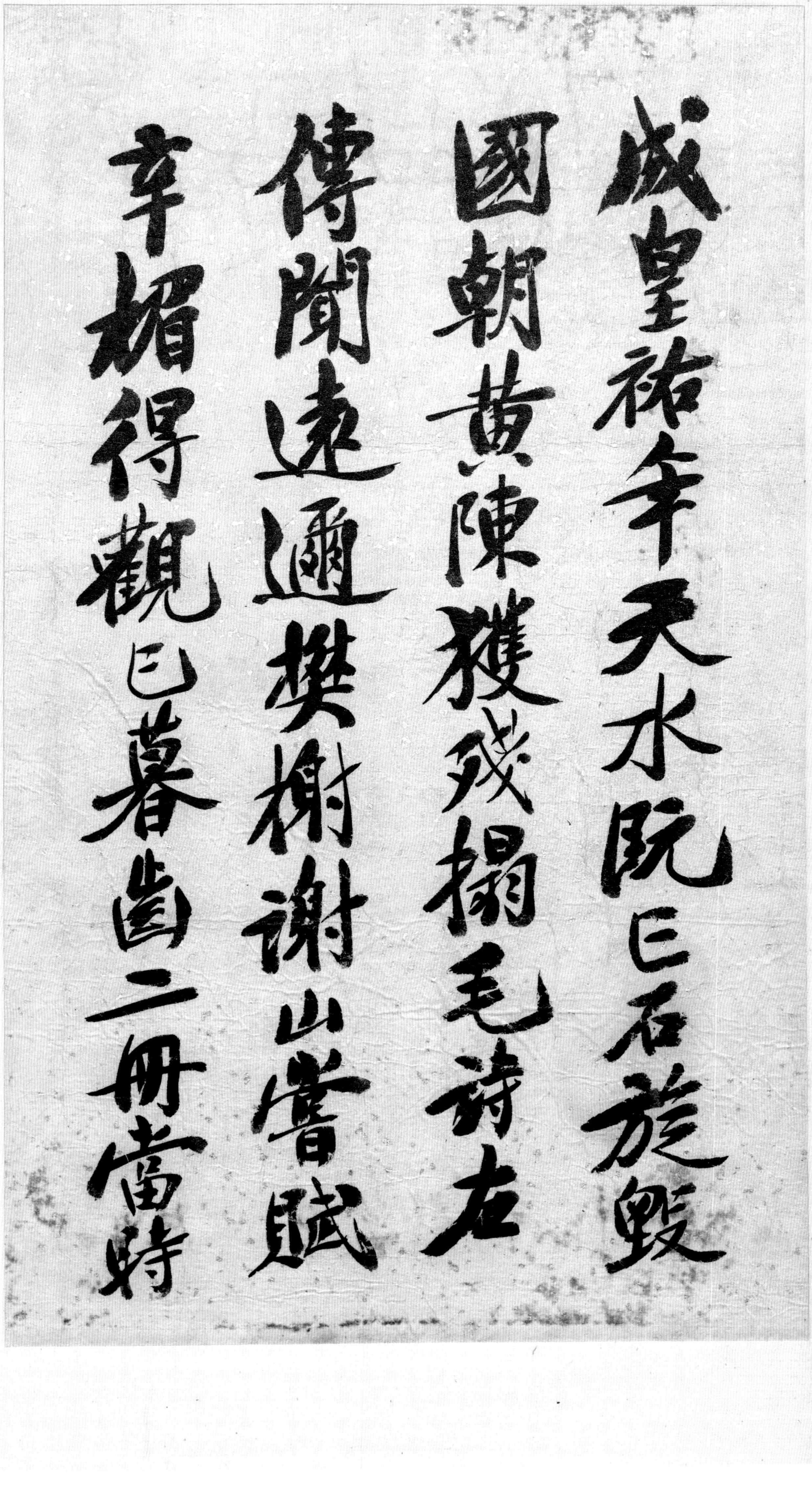
咸皇祐年天水院已石旋毀
國朝黃陳獲殘搨毛詩左
傳聞遠邇樊榭謝山嘗賦
辛楣得觀已暮齒二冊當時

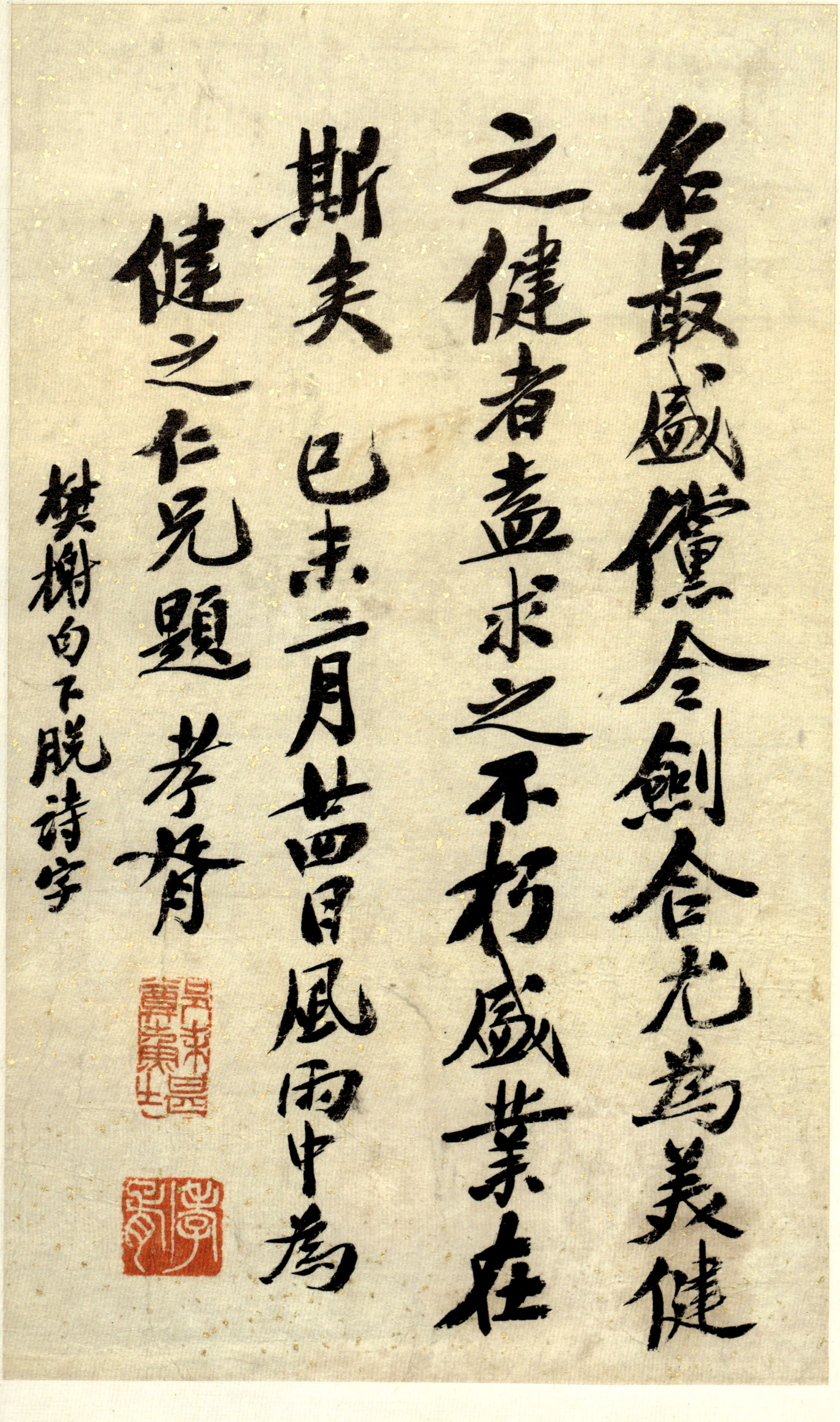
名最盛僊令劍合尤為美健
之健者盡求之不朽盛業在
斯矣 己未二月廿四日風雨中為
健之仁兄題 孝胥
樸樹句下脫詩字

開成刊石踵東京宋刻猶輸蜀刻精空使後人悲霹靂即今片羽重連城

弇山集開成石經聯句蜀經成霹靂宋刻亦榛荊

節度謳思在兩川過庭鯉對憶當年鄴侯家學繁能嗣插架重添一段緣

健之世丈大人屬題

侯官郭曾炘

右蜀石經春秋左氏傳卷第二十殘本昭公二年三十五行傳三百九十五字注二百六十七字自子也起至恤而止第十七行吾聞下闕一行之曰忠信禮之器也卑讓禮之宗也大字十四宗猶小字二以唐石經校經以岳本校注以大國之事注務共大國之命岳本脱之字餘無異文馮氏登甫（府）石經補攷謂是以亂作注攺易禮制石經攺作故使上大夫送遂（致）攺此執辱之罪石經送下無遂字案石經本作攺陳刻木本亦作攺並非作故送下遂字亦未脱去陳雪峯影寫刻木本誤字甚多逆女作送女少齊作少姜前年游楚所擊創作擊傷創不獨送下無遂字也馮氏又謂伯有之亂注在襄三十一年石經同錢氏大昕曰伯有死在襄三十年注衍一字阮氏校記曰淳熙本

纂圖本明翻岳本監本毛本無一字是也此釋不誤册中翁覃溪閣學錢竹汀詹事
梁茝林中丞跋皆較量蜀刻宋刻攷曾宏父石刻鋪叙云益郡石經春秋左氏傳
蜀鐫至十七卷止又云左三傳畢工於皇祐元年又云成都志謂公穀田況所刻晁
公武郡齋讀書志云蜀石經左氏傳三十卷不缺唐諱及國朝諱而缺祥字當
是孟知祥僭位後刊石穀梁傳不缺唐諱蜀諱而缺恆字知刊在真宗以後（左氏傳十五卷唐諱亦缺晁氏之說或十七卷以後歟）
又云左氏傳不著書人亦無年月詳觀其字畫亦必為蜀
人所書也石經攷異云蜀人立石蓋十經今以諸說相證蓋左氏傳三十卷孟蜀時刻石
十八卷以下宋時畢工耳觀此二十卷字體視十五卷不異可證一也且以裱册行款言周禮

左傳每半葉六行似是原碑十二行或二十四行為一層公羊穀梁每半葉五行似是原碑十行或二十行為一層行款已變更蜀刻之舊公穀為田況所刻可證又一也公羊敬字殷字缺筆避宋諱此本敬字不避更灼然可見其非宋刻前人僅見此殘本未見公羊穀梁若果見之以行款避諱定蜀刻宋刻則不煩言而解矣癸亥七月初七日劉體乾識

蜀石經

福州梁茝林先生爲江蘇方伯得孟蜀石經春秋殘本正文三百九十五字注二百六十七字計三頁共三十五行皆昭二年傳左氏之第二十卷也後有翁覃溪閣學家竹汀宫詹跋語攷之甚詳定爲孟知祥廣政中據蜀時所刻曾宏父石刻鋪叙謂爲皇祐元年樞密直學士田況刻非也先生既賦詩於後復以示余真古刻中之秘寶云

右録勾吴錢泳梅溪履園叢話

健之

長洲葉鞠裳編修題劉葱
石藏宋石經石經唯唐開成
刻尚在西安府學宋南渡後惟
蜀本不可得士大夫貴蜀本蜀
石已佚樊榭蘇齋所見僅毛詩

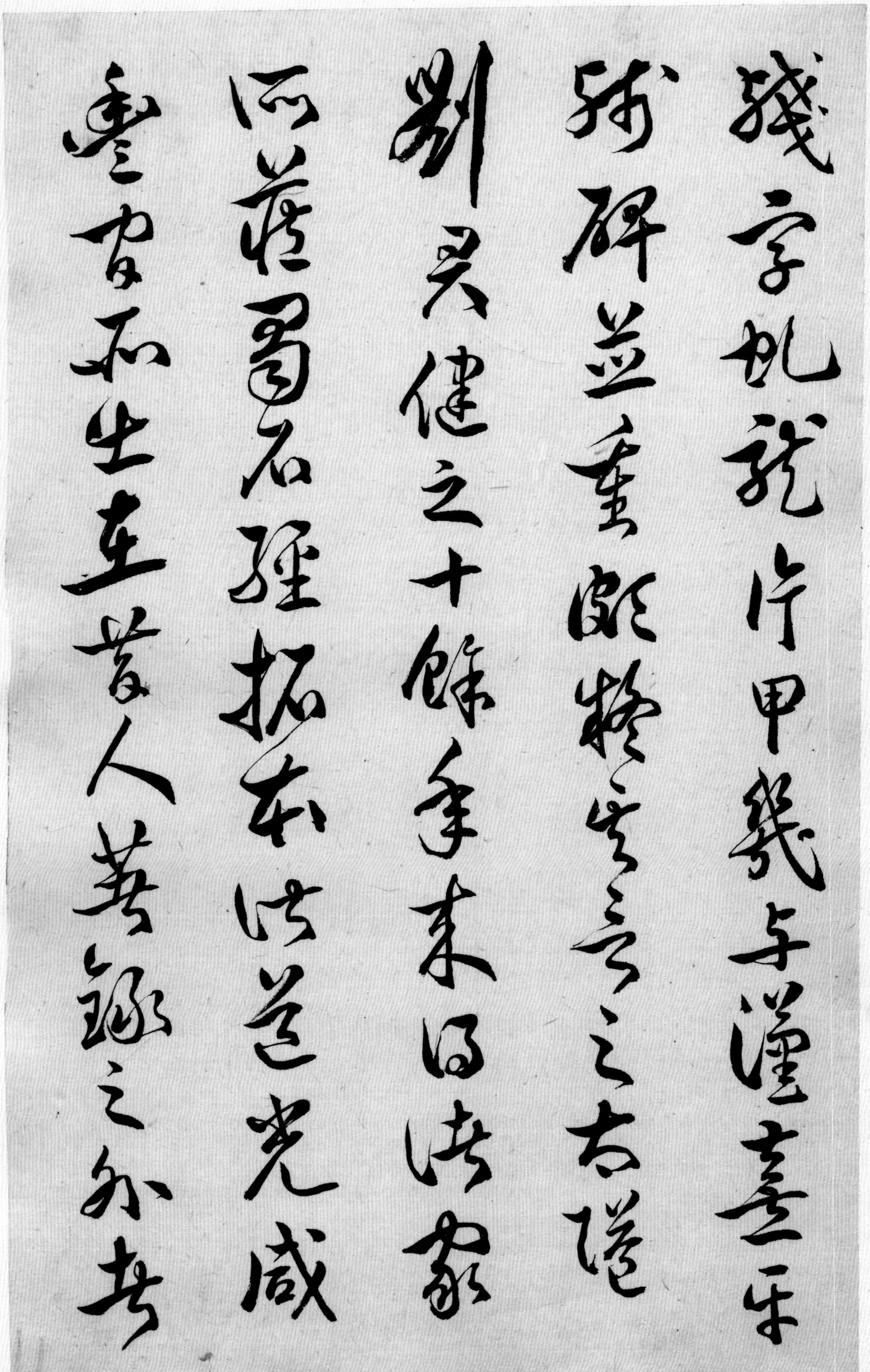

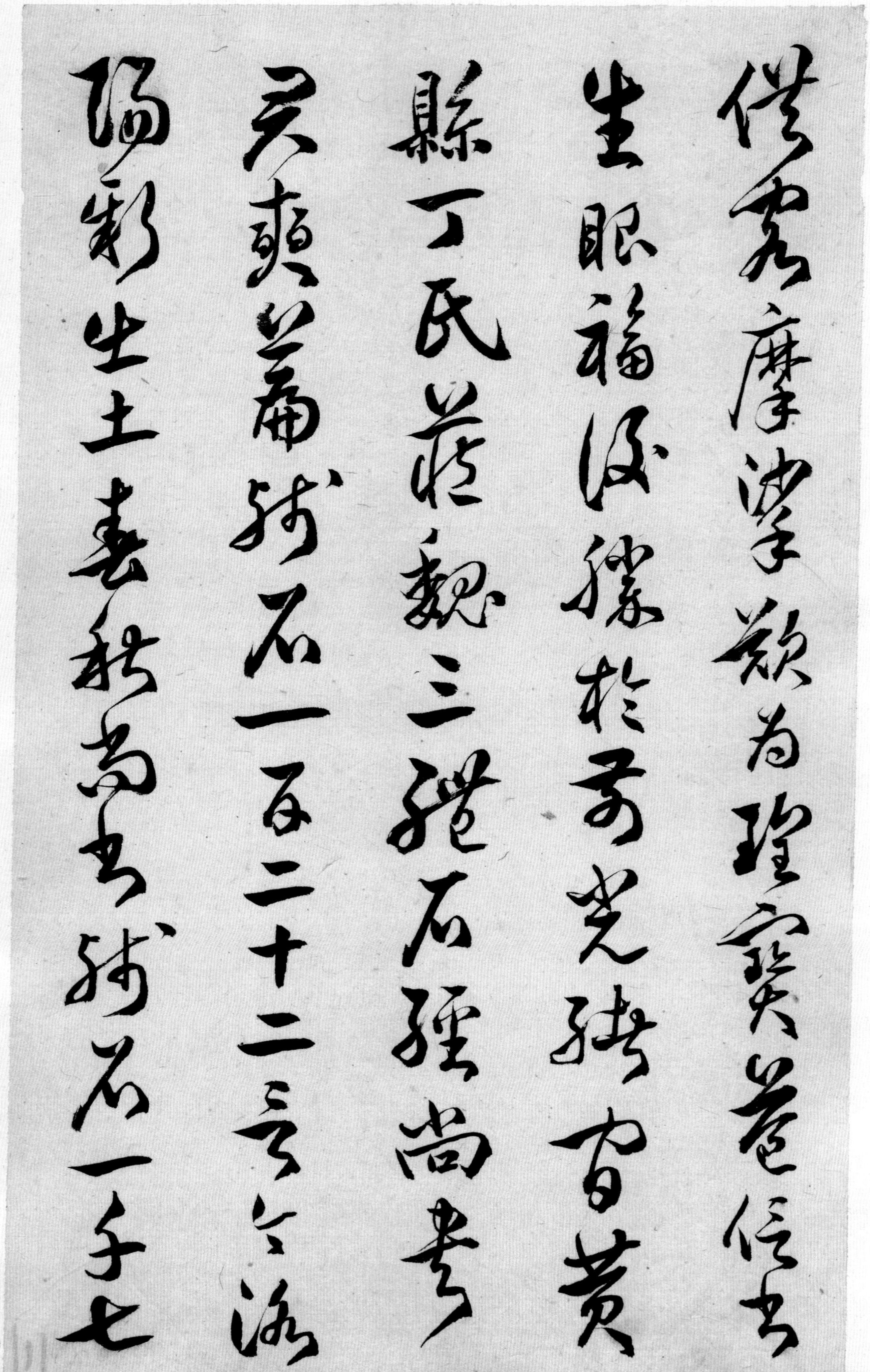
從君摩挲欲為題寶蓋後書
生眼福後孫於其先故官黄
縣丁氏藏魏三體石經尚書
君奭篇殘石一百二十二言又洛
陽新出土春秋尚書殘石一千七

百七十一字為遒十倍以此傳之
安能廣政十程不至全盖互云壞
曾歌東坡云人失二人但安東不
生匹裏健之王誅以勤石墨
弓務他日乘於行好又安吉古

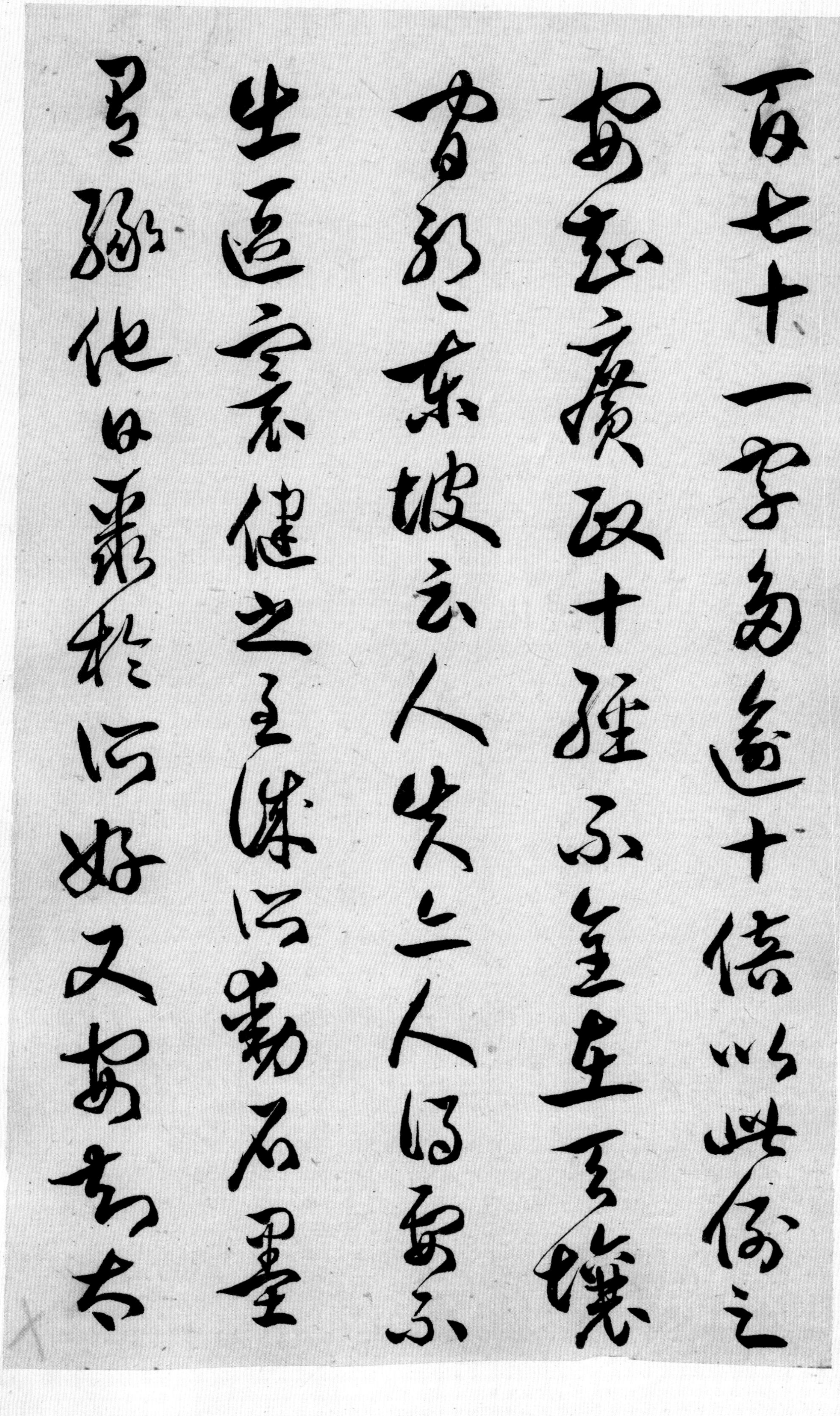

乙之糟不獨存於至珍健之云
孫注者四萬六千四百餘字今
之所見同碑藝風蒼俄較
記其末之見不與吕私孫補石經
祇廣政巧刊吕注彼內盖半并

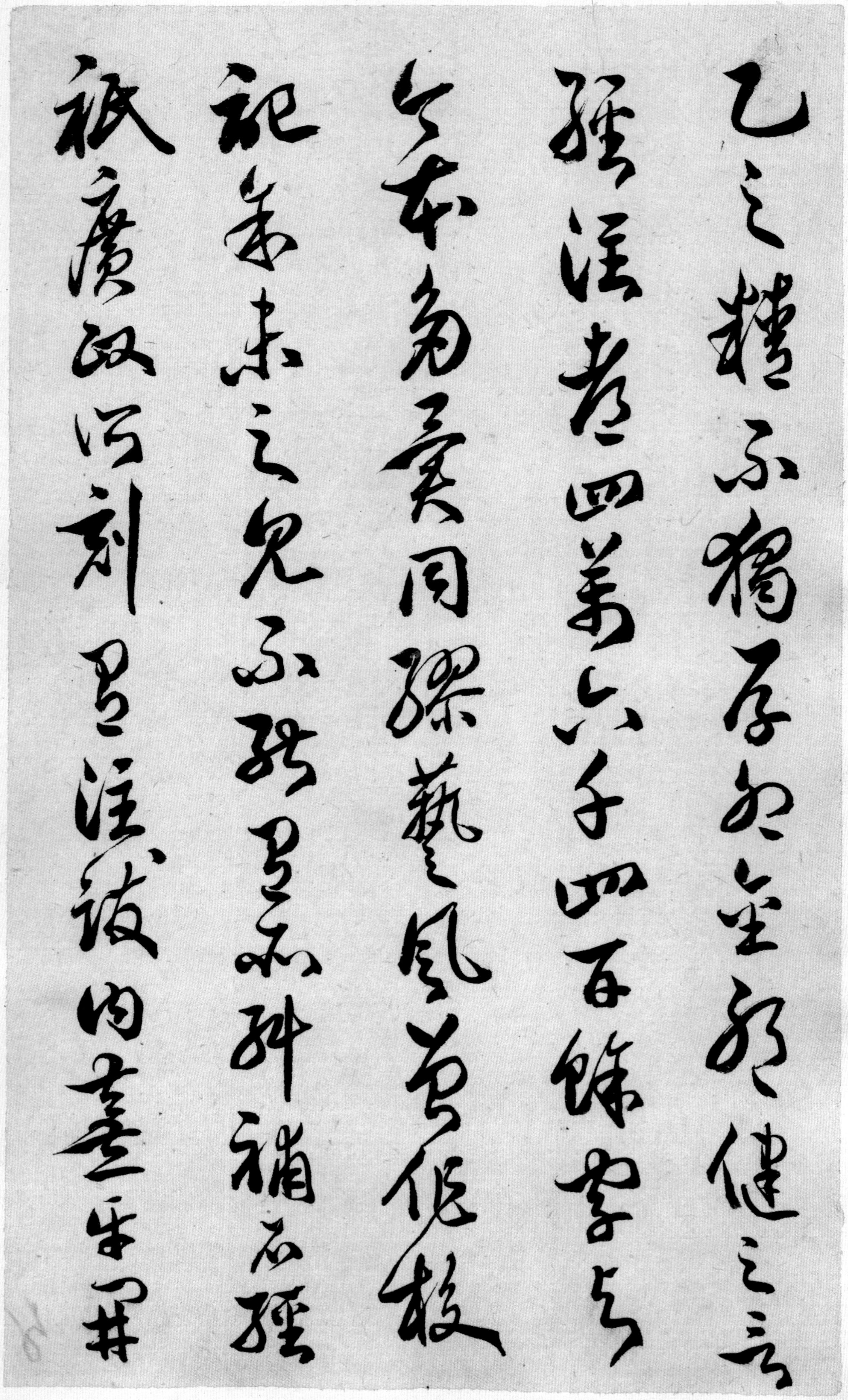

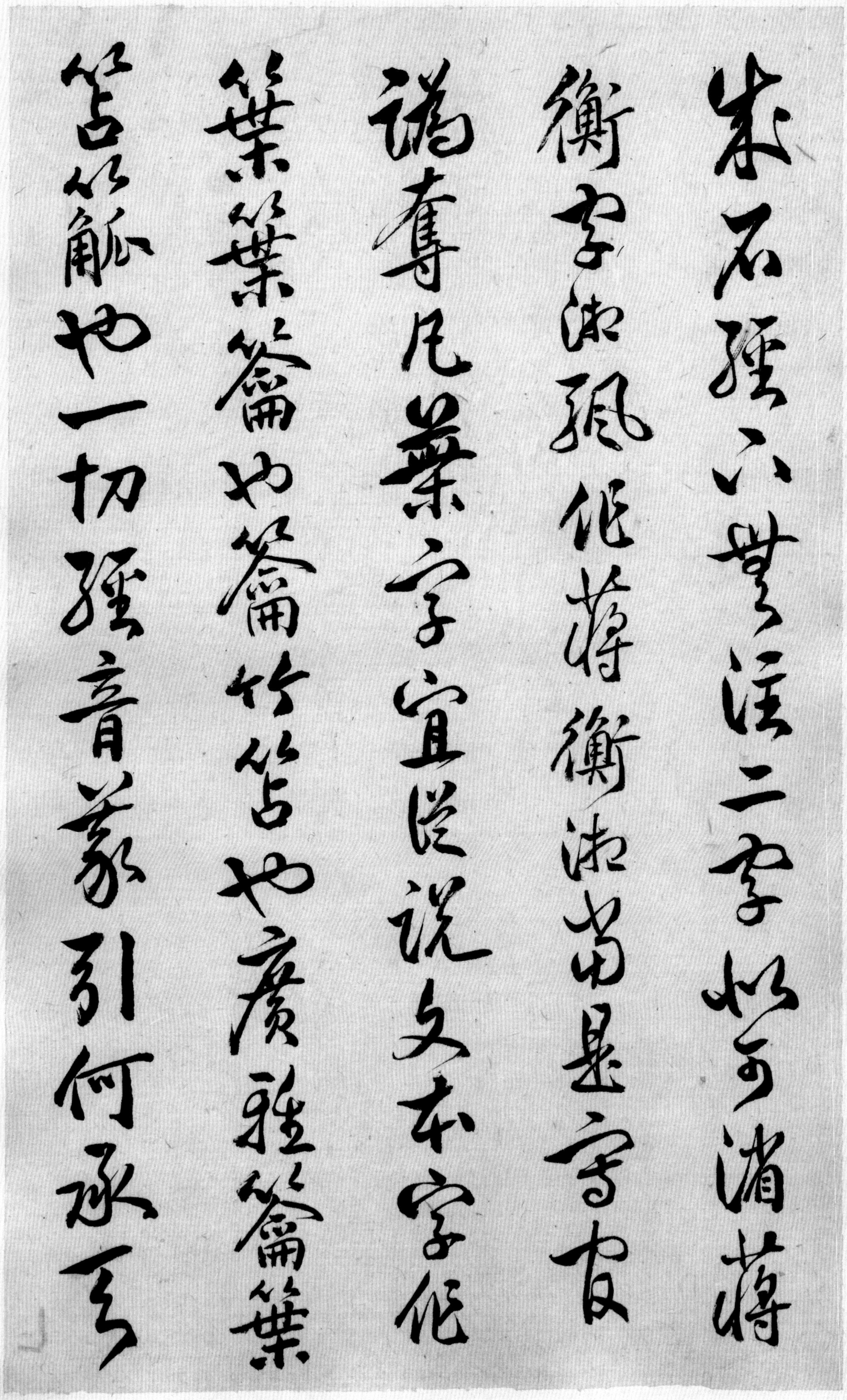

篆文云考工篇而篇甚廣韻

篇以簿若其策也積之極瑰瑋

霸蒙以健之好古其書惟善業

及之甲子春二月水竹邨人

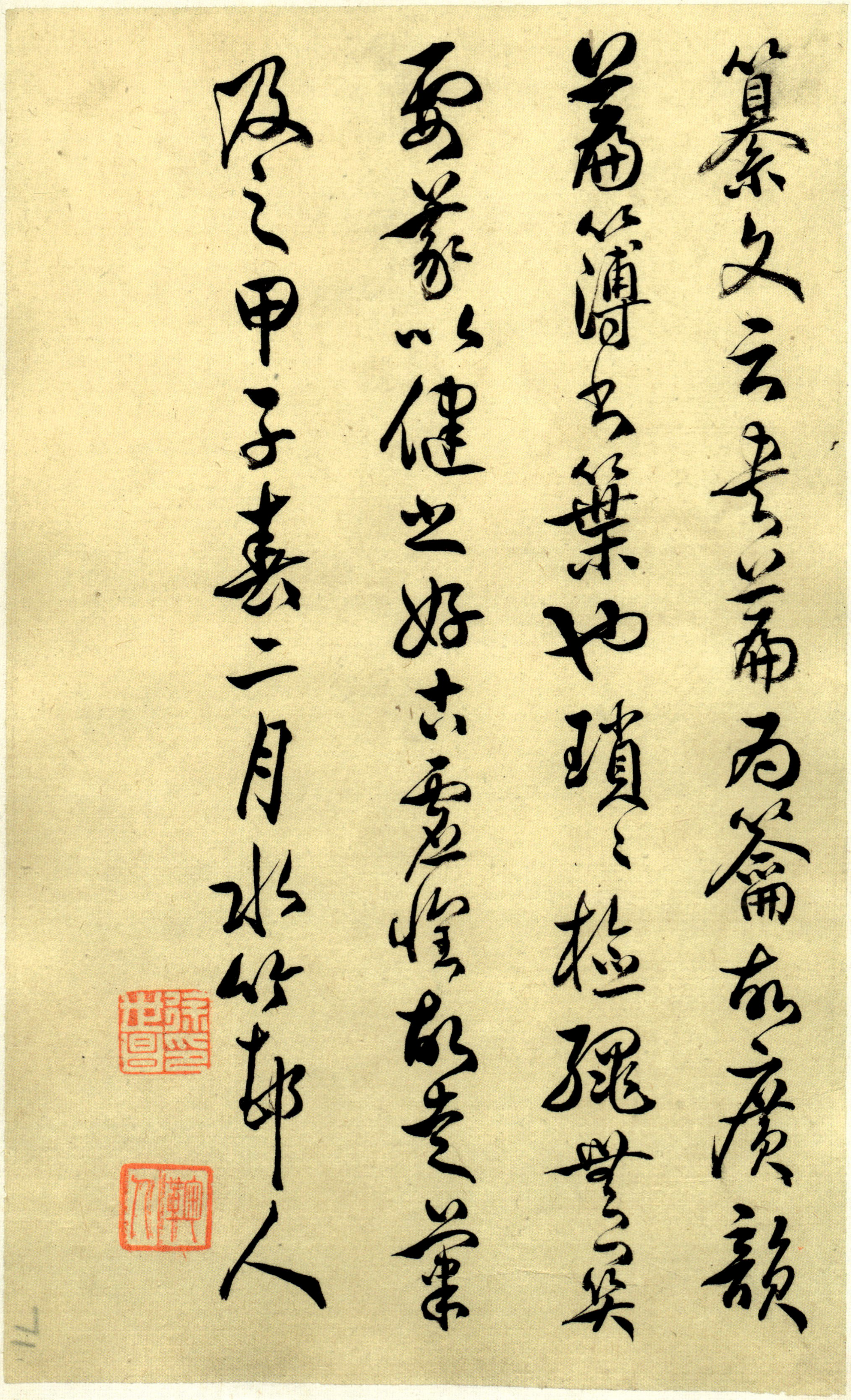

石經之刻凡有七（漢魏晉唐宋清凡七代，私家刻者不計）經注並陳則數蜀文字謂有貞觀風
流傳寥寥罕著錄其書盡用太和本字精義稠懸正譌辨翻博
士祕書郎德超令昇相繼劉（書者張德釗張紹文周德貞楊鈞孫逢吉孫朋吉，鐫者陳德超德謙武令昇）尤
奇出於兵火中丞相昭裔殊不俗（晁公武云凡歷八年其石千數蜀相毋昭裔捐俸取九經琢石尤偉哉也）十經羅列
燦若星廣政未終皇祐續應年一百八十七宣和更以孟子足（宣和五年益帥席鐫孟子運判孟慥繼成之）
郡齋所記三百料弃同分列六以篤（晁公武撰考異從唐張奐校注成四十卷）惜哉黃趙陳
芳林殘卷僅有數十來盧江劉翁淹羣雅收集不避寒暑酷筆
周禮發舊藏春秋三傳略可屬止庵殘厂懷舊緣筱珊校記炳餘燭
以視張奐竟若何寶之不異天球玉壽餅宜熏篤耕香深心休近

此皆北宋以前本紙墨未經諸儒觸冒不摹印告四方長文南仲有遺蜀我聞竹垞考經義蜀降諸人皆不辱孰謂汲古竟無功且免考功急蠹蠋豐坊有大學古本石經覃溪數紙照辟鮮逢叢一石映水淥沉茲彊砢備四經皇衢定可騄驥騄石榴花發眼正明毾㲪迺地交還縟深明閱子我欲遊望風先寄歌一曲比隣為謝徐遵明謂徐積餘玉基嶄新昨出幞古歡且當錦城邀鍵户催下湘中酥

近下彈碁為三字

蜀石經歌奉贈

健之仁兄大人察正 甲子四月十七日 香巖弟金蓉鏡

劉健之先生藏蜀石經周禮左傳公羊穀梁各若干卷經註都若干字藝風前輩曾為校記周禮孫逢吉書左傳不誌書人公羊穀梁則宋皇祐初田況知成都時所刻石也夫以健之積二十餘年之勤求其有一二力所不能致者止盦相國

弢厂太保復為之助海内舊藏孤拓始聚而有之蓋得之之難如此愚以為五季之末學校廢弃兵戈擾攘極矣而毋龍門乃按雍都舊本刻石于成都學宮以彰文化洵不朽之盛事今之昔學絶道喪視龍門時何如如健之者獨

能抱殘守闕望古遙集于日月湛冥風雨瀟晦之天自是別有懷抱者夫豈嗜奇好古所能饜其藴奥哉

甲子七月魏家驊

曩見顧亭林萬季野杭大宗石經攷朱竹垞經義攷皆有蜀石經而未見拓本 明徐興公紅雨樓題跋僅有左氏傳一跋耳 乾隆年廣仁義學毛詩兩卷屢見著錄他經亦未之聞也今 健之先生出示周禮左傳公羊穀梁每冊都一百七十五葉經注四萬七千餘字自幸眼福至攷證異文前有晉江陳頌南侍御校記後有江陰繆筱珊太史校記叙述故事則翁覃溪阮閣學諸公題跋詳盡無待贅言但記獲觀年月而已甲子年十一月幾望安吉吳昌碩年八十一

劉健之觀察所藏蜀石經跋

桂未谷氏謂歷代石經但刻正文惟蜀刻有注吳任臣氏謂蜀廣政十四年詔勒諸經於石祕書郎張紹文寫毛詩儀禮禮記祕書省校書郎孫朋古寫周禮國子博士孫逢吉寫周易校書郎周德政寫尚書簡州平泉令張德昭寫尔雅字皆精謹當五代之亂畫宇分崩文字殘闕孟蜀獨能舉

諸經刻石以嘉惠學者天之不絕斯文孟氏與有功也世傳蜀相毋守素（昭裔）為布衣時從人借書有難色比貴命工雕印九經諸史自是鏤板盛行蜀儒文學名天下嗚呼自唐季以來學校廢絕迺以蜀地偏隅而上有劭學崇文之主下有通經稽古之臣即當時繕寫石經張紹文孫逢吉輩皆經生善書冠絕古今故石室十二經與精鐫

蜀本各書皆天下之瓌寶世不易見何其
盛与盧江劉健之觀察秉先德文莊公之
教於學無所不窺而尤耆石經踵文莊後
宦蜀有治績爲政餘暇日事搜訪歷舉近
歲所得公羊穀梁左傳周禮石經殘卷都
經注四萬六千四百餘言可謂富矣歐陽
公云物常聚於所好顧好之而得与好之
而不得此其中有天爲觀察之於蜀民寤

寐不忘其於石經亦寤寐不忘者也天特以其愛蜀民之故報之以蜀經凡古人所不易得者君則心誠求之必得而後已左右采獲彙爲巨編鑒古之精世罕倫比其以蜀石經名齋所以誌天貺也乙丑秋中

吴縣曹允源謹跋

右春秋左傳殘本三百九十五字注二百六十七字吳門陳芳林所藏皆昭二年傳左氏之第二十卷也曾宏父石刻鋪叙云春秋左氏傳二十八册三十卷序一千六百一十七字經傳十九萬七千二百六十五字注十四萬六千九百六十二字蜀鐫至十七卷止此殘字在十八卷以後或疑宋人續刻今攷成都志但云公穀田況所刻不及左傳此殘字中遇宋諱初不缺筆其出于孟蜀無可疑者宏父雖云春秋三傳則皇祐元年九月訖功而兼采成都志之言則固不以左氏傳爲況刻也詩書禮記周禮皆有書人姓名而無刊石年月儀禮則并無書人姓名與左傳同大約諸經書石本同一時而卷帙有多寡故鐫成有

先後之殊工成或在宋代字畫實皆蜀刻左傳於諸經中文字最緐鐫成亦最在後非蜀亡之日尚有未經繕寫者留待宋人續補也唯公穀二傳廣政中未有寫本旋遇國亡此事遂輟直至皇祐初田況作郡始續成之耳攷蜀之亡在乾德三年乙丑距皇祐元年已丑八十有四年使左傳果刻至十七卷止僅存後十三卷何至遷延八十餘載始告成事耶南宋時蜀石經完好無恙曾宏父趙希弁輩述之甚詳而元明儒者絕無一言及之殆亡於嘉熙淳祐以後近錢塘厲太鴻曾見毛詩左傳殘字作詩紀之予訪求四十年不可得蓋流落人間者希矣

錄潛研堂金石文跋尾以與此本跋微有不同也乙丑劉體乾

石經肇自東漢季三體書立鴻都前有唐開
成續篆刻碑林移置來西安世代緜禩歷百
刼椎鑿毀棄無一全蜀孟蜀有國慕文化十
經經注同雕鐫迄今又閱九百載亦復散佚
沈荒煙劉君好古具精識搜求孤本窮歲年
左氏公穀及周禮購價不惜千金捐錦贉排比
列几案即以所得顏齋榜吾 朝開創多耆宿極

盛莫如乾隆間爾時蜀刻始出世殘拓二卷毛詩箋
蘭泉侍郎特著録名流鶩詫爭傳觀樊榭賦、謝山
跋所惜窺豹徒一斑君今展轉獲多種真可傲睨
諸前賢者也論交屬孔李兩家情誼相周旋頻年
契闊隔南北欲飽眼福愁無緣何當買棹黃歇浦
走訪高齋探琅嬛饋以此言爲息壤有如金石併
其堅　詩　丙寅春暮
健之仁兄世大人屬題所藏孟蜀石經賦此呈
教　世愚弟錢駿祥時年七十有九

累代石經刻凡七其二者全餘半佚三體二體
字雖多已有注箋推本亦一以武以來搜儲家考矣
後先稱細密儻然孤本到劉家引重以經矯其室
首經孟蜀誠非常嘗時已無然頡頏金塗遺塔陋
吳越澄清刻帖嘗南唐書中四万八千字字珠冊
是珍秘老矣暨經眼尚以去年多歸觀臥快意安頓
閱漢魏之石經片玉年來常出地更思戴記

合州城（傳說合州賓館有禮記石蓋蜀石經之僅存者）待訪時時縈夢寐。吁嗟蜀碧埋重重，干戈擾攘今古同，寧惟五代與十國，兵滿川西南北東。傳經石室思文翁（語趙先生），故人天末無由從。何來好事安男子，刻經德惠平林雄，經成一卷千室空。齊魯今已人煙窮，不知抱經藏篋中。

佳之先生以蜀石經拓本見示，古意磅礴，殘缺猶完，平生所見無與埒者，因賦長句以誌快覩。張宗石經權輿於熹平繼在正始與開成孟蜀之後有兩宋清頒太學資蔣衡字體因時判同異秉意要欲為世型遥遥相距三千載陵谷移徙朝市更搜奇非無好事者飄零散落如飛英偉哉劉君收蜀刻論價不惜逾連城周官外有春秋傳字字觸眼皆光精代遠文殘彌可貴爰拓萬本存其形曩在先朝隆盛日我

峩髦士趨彤廷詔徵遺書同蒐討七閣並建規橅宏
而今風尚殊疇昔新學是競古義輕豈知海容都彬
雅載歸吾籍閒充楹國有與立能無念天喪斯文實
可驚石鼓所出徒聚訟猶使韓蘇發幽情而況六藝
聖者訂鴻寶忍令拋榛荊感君寄我滄江上篝燈夜
對心神清須藏諸篋垂永世貽謀豈在金滿籯徵題

先後皆耆俊綴名簡末甯非榮

廬江

劉健之先生以所得孟蜀石經付影印屬題賦呈

教正

桐城姚永樸

石經文獻集成

虞萬里　主編

蜀石經集存

春秋經傳集解

王天然　編著

圖書在版編目(CIP)數據

蜀石經集存.春秋經傳集解 / 虞萬里主編;王天然
編著. 一上海:上海古籍出版社,2023.12
(石經文獻集成)
ISBN 978-7-5732-0911-5

Ⅰ.①蜀… Ⅱ.①虞… ②王… Ⅲ.①碑刻—拓片—
中國—春秋時代 Ⅳ.①K877.42

中國國家版本館 CIP 數據核字(2023)第 202152 號

2023 年度國家古籍整理出版專項經費資助項目

2021—2035 年國家古籍工作規劃
重點出版項目"石經文獻集成"系列成果之一

策劃編輯:郭　沖
責任編輯:郭　沖　虞桑玲
美術編輯:嚴克勤
技術編輯:隗婷婷

石經文獻集成
虞萬里　主編
蜀石經集存·春秋經傳集解
王天然　編著

上海古籍出版社出版發行
(上海市閔行區號景路 159 弄 1-5 號 A 座 5F　郵政編碼 201101)
(1) 網址:www.guji.com.cn
(2) E-mail:guji1@guji.com.cn
(3) 易文網網址:www.ewen.co

上海雅昌藝術印刷有限公司印刷

開本 787×1092　1/8　印張 45　插頁 4　字數 75,000
2023 年 12 月第 1 版　2023 年 12 月第 1 次印刷
ISBN 978-7-5732-0911-5/B·1349
定價:920.00 元
如有質量問題,請與承印公司聯繫

目録

出版説明

蜀石經的鐫刻肇始於後蜀廣政年間，時代由後蜀延續至宋，在七朝石經之中，不僅是唯一的經注本，且字數最多，規模最大，刊時最長。其碑石在宋代以後開始湮没，至明清僅有拓本流傳，已屬罕見。乾嘉以後，出現了多家摹本和影刊本，成爲學者校勘考據所依據的主要版本。民國初年，劉體乾致力於收集蜀石經拓本，得《春秋》三傳、《周禮》四經殘拓，並加以影印。

現存蜀石經主要由三部分構成：（一）國家圖書館藏劉體乾舊藏殘拓：今存《春秋經傳集解》卷十五襄公十年至十五年全卷，卷二十昭公二年；《春秋公羊傳》卷二桓公六年至十五年；《春秋穀梁傳》卷六文公元年，卷八、卷九成公元年、二年，襄公二十六年、二十七年，卷九襄公十八年、十九年；《周禮》卷九、卷十兩卷，卷十二《考工記》。（二）上海圖書館藏黄丕烈舊藏《毛詩》殘拓：起卷一《召南・鵲巢》，訖卷二《邶風・二子乘舟》尾。（三）近代成都出土的殘石：《周易》之《履》《泰》《否》《中孚》；《尚書》之《禹貢》《説命》《君奭》；《毛詩》之《周頌》《魯頌》，以上藏四川博物院；《儀禮》之《特牲饋食禮》，現藏中國國家博物館。另有《毛詩》之《鄭風》《曹風》殘石拓片存世。重庆中國三峽博物館藏有以上新出土殘石拓片。

原石毁没，拓本稀見，蜀石經一直是歷代儒家石經研究中相對薄弱的環節。上圖藏《毛詩》殘拓和近現代新出殘石拓本均從未出版。國圖所藏部分雖在民國便已影印，但時至今日也不經見；而且該本爲黑白影印，囿於當時的攝影製版技術水準，原件上的諸多藏印、批點、殘字和細微筆畫等細節無法有效呈現；國圖、上圖所藏蜀石經殘拓皆爲國家一級文物，學者即使親臨訪書也很難調閲。本項目《蜀石經集存》，在虞萬里、王天然二位先生的主持指導下，經國圖、上圖、重博授權，對於現存蜀石經殘拓進行全面系統彙編影印出版：

一、採用高清全彩印製，最大程度地呈現原拓原貌。

二、國圖、上圖所藏拓本，均原大影印。受開本限制，重博所藏拓片大小略作調整：《周易・履》《泰》《否》殘拓縮放比例爲98%；《尚書・説命》《君奭》殘石兩面拓於一紙，周圍有大量題跋文字，除兩面各自之原大圖版之外，亦收録整幅圖版以存全貌，縮放比例爲58%；《毛詩・鄭風》《曹風》及《毛詩・周頌》《魯頌》殘拓，除殘拓之原大圖版之外，亦收録整幅圖版以見全貌，縮放比例分别爲58%及70%；其餘殘石拓片圖版均爲原大。

三、國圖藏本現裝爲七册，即《周禮》卷九、卷十《秋官・司寇》與卷十二《冬官・考工記》各一册；《春秋經傳集解》卷十五襄公十年至十五年與卷二十昭公二年各一册；《春秋公羊傳》卷二桓公六年至十五年一册；《春秋穀梁傳》卷六文公元年，卷八、卷九成公元年、二年，襄公二十六年、二十七年，與卷九襄公十八年、十九年各一册。另《陳氏木刻蜀石經》《蜀石經題跋姓氏録》各一册。上圖藏《毛詩》殘拓裝一册。重博拓片均爲散葉。本次出版，按照殘拓内容，同時兼顧流傳收藏歷史和裝幀篇幅，分爲五册，即《周禮》《春秋經傳集解》《春秋穀梁傳》各一册，《毛詩》與近代出土殘石拓片並一册（包含《古文尚書》一塊、《毛詩》重言兩塊拓片），《春秋公羊傳》與《陳氏木刻蜀石經》《蜀石經題跋姓氏録》並一册。

四、原本中無任何信息的白葉，未予影印。原本中夾有簽條、活葉者，則將此開原貌及放置活葉後之形態分别影印。

五、虞萬里、王天然二位先生分别撰有「序言」和「概述」，盡述蜀石經鐫刻背景、經過與流傳，形制特點，文本來源等等。王天然先生亦承擔了殘拓文字之釋録工作。這兩部分内容載於别册，以便讀者與圖版對照取用。

上海古籍出版社

二〇二三年十一月

蜀石經存世目録

周易	履卦　泰卦　否卦　中孚卦
尚書	禹貢　説命　君奭
毛詩	國風（召南　邶風　鄭風　曹風）　周頌　魯頌
周禮	秋官司寇　冬官考工記
儀禮	特牲饋食禮
春秋經傳集解	襄公十年　襄公十一年　襄公十二年　襄公十三年 襄公十四年　襄公十五年　昭公二年
春秋公羊傳	桓公六年　桓公七年　桓公八年　桓公九年　桓公十年 桓公十一年　桓公十二年　桓公十三年　桓公十四年　桓公十五年
春秋穀梁傳	文公元年　成公元年　成公二年　襄公十八年　襄公十九年 襄公二十六年　襄公二十七年

蜀石經集存序

虞萬里

漢、魏、唐、蜀、北宋、南宋和清代的七朝石經，雖然都以碑石爲載體，但其文本、字體、經傳、碑式，與鐫刻時的標準文本、通行字體、書寫閱讀習慣相應，都有一定的變化，形成各自的特色。孟蜀廣政石經的特點，一是帖式形態的小型碑石，與漢、魏、唐大型碑石不同；二是經傳並刻，以經文大字、注文雙行小字面目呈現，亦與漢、魏、唐石經的單刻經文不同。帖式形態便於椎拓裝訂和翻閱，經傳並刻則便於亟速理解經文。這種石刻形態，並非一蹴而就，它是在充分吸取前代閱讀習慣和文本書寫形態逐漸變化和發展到一定階段的基礎上形成的。回溯前三種石經的形制和與之相應的經學文本形態的變化和發展，可以深刻地理解蜀石經的特點。

熹平石經刊刻時，紙張已經發明，然經典文本的書寫仍處於簡帛階段。簡牘書寫經典起源很早，延續時間却很長。漢末經師鄭玄晚年注釋《三禮》時，所見所取文本仍都是簡牘；與其年代相先後，熹平石經刊刻之偶發起因是有人刮削改寫蘭臺簡牘文字以合私家文本，是其所取所據文本亦爲簡牘，可以互證。現今出土的戰國、秦漢儒家簡牘長度一般多在漢尺一尺（二十三點五釐米），長者達四十多釐米，一簡字數或多或少。漢制規定書寫經典用二尺四寸簡，武威《儀禮》漢簡長度在五十五釐米左右，與漢制相符。漢簡《儀禮》每簡字數由六十多字到一百二十字不等，雖有編線四道，但文字却通欄直下，唯編線處空開不書。推而廣之到所有儒家簡牘，一律直書到底。稍前於《儀禮》簡的馬王堆帛書《周易》等也是通欄直下。從某種視角而言，漢石經是書寫經典標準簡牘形制的直接投射。所以，熹平石經雖高二米有餘，仍是每行七十多字通欄直下，顯示出簡牘時代的常規書寫形態。用二尺四寸簡牘書寫經典，字大而疏者約容六十餘字，小而密者可達一百多字，將之置於當時的几案，允在頭不必上下過大移動而視線可以掃視、閱讀的範圍內。但若將字形放大到八分，翻刻到通高二米多、寬一米許的石碑上，矗立於太學前，碑式整體雖尚屬匀稱，而抄録、摹寫必須擡頭觀頂端之字，下蹲看基石之文，存在一定的不便。這種不便受制於諸多的歷史因素，是時代的局限。

六七十年後曹魏鐫刻三體石經時，紙張是否已普及到可以隨意書寫所有經典，尚不敢斷言。魏武帝曹操和魯肅「手不釋卷」之「卷」，是簡牘、絹帛還是紙張，現也無法指實。但石經以古、篆、隸三種字體書寫經文二十字，形成六十字一行，是殘石呈現的實際形態。溯其成因，碑石高廣與熹平碑式近似，兩種石經並立於太學講堂之前，容易導致思維趨同。因此，無論經典的書寫是否已用紙張，可能都無法改變三體石經直行而下的鐫刻樣式。其有限變化，即一行中字數的多少——漢魏石經每行相差十多字，很可能取決於古文和篆體字形狹長的緣故。漢魏石經的碑式文本，可供士子校覈、摹寫、抄録，却不便於影拓後展讀學習，故《隋志》所載一字石經、三字石經多少卷，似乎已是經剪裁割裱後的卷帙，而具體却很難質指。

紙張的稍稍普及，當在曹操和魯肅之後數十年。左思的長篇巨製《三都賦》寫成之際，皇甫謐作序以高其聲價，文士競相傳抄，造成洛陽紙貴。紙貴須從兩方面看，一是文章高妙，值得抄讀摹寫，於是抄寫者衆；二是西晉時紙張確實還不如後世易製易得。兩晉時書寫紙張的高廣尺寸，當然因地因時因具體情況而無法劃一。現今流傳的敦煌儒家經籍寫卷，有的殘損嚴重，有的不標示尺寸。相對而言，書寫工整的敦煌佛經寫卷大致高度都在二十五釐米上下（波動於二十四至二十七釐米之間），偶有窄至二十釐米，寬至三十釐米者。書寫工整的佛經一般每行多容寫十七字左右，而相對草率的儒家經典如伯二五二九《毛詩故訓傳》，抄寫率爾，每行二十一至二十八字不等。抄得較爲工整的如伯二五三〇《周易注》，則每行基本控制在十五字，也有十三至十四字者。伯二五二三《春秋左氏傳集解》每行十四至十七字不等。所以唐代的寫卷高度和每行容字似當以佛經經卷爲基準。高度不超過三十釐米的紙張，是窄於古代書案的寬度，每行以十七字爲基準而稍有上下增減，既是成人手肘上下移動書寫的距離，也與書者目測距離控制限度相應。

唐石經矗立於西安碑林已近一千二百年，今實測其碑高二一〇釐米，文字書寫高度約二〇二釐米。上下分爲八欄，每欄高二三至二三點五釐米，每字高二釐米，寬一點八釐米，字距一釐米。每碑寬度不一，大致在九十一到九十四釐米左右。唐石經處於紙張已經普及、書册制度已經形成的大和（文獻中太和、大和並出，本文一律改爲大和）、開成間，其文本依仿六朝以來盛行的書册和寫卷形態，分層横行，從右至左書刻，應是情理之必然。唐石經碑式清人王昶和魏錫曾等都有過記載。侯金滿經實地考察和深入研究，在前人研究基礎上又有更深的認識，並作出明晰的描述：唐石經整碑分成八欄，每行平均十字，碑式佈局以經典的篇卷爲單位，即每卷（篇）字數以每行十字横書而得出一卷（篇）之總行數，而後將一卷（篇）總行數依整碑所分八欄平分，得出每卷（篇）在整碑所佔行數，從右至左横書鐫刻。每卷（篇）字數多寡不一，故其在上下八欄的碑石上所佔行數也不相同。由於每碑碑石寬度恒定在九十一至九十四釐米左右，一般容三十五到三十七行，最多不超過三十九行，故按照經典篇序依次書寫鐫刻，就會産生某一卷（篇）文字由上一碑横跨到下一碑的情況。又因某些經卷文字過多，因此亦出現横跨兩碑、三碑的現象。他推測這種分層横書跨碑形式，與中古的書册制度有密切關係。[一]從唐石經分層横書的碑式形態，可以推測當時的影拓技術已經成熟，因一經椎拓，即可黏連成旋風裝，極便翻閱研習。當然，這種鐫刻形態與帖式刻石孰先孰後，尚須有更多的實物來證實。蜀石經確是明顯的帖式刻石，儘管它與叢帖的興起與先後關係也需要進一步研究。

據王天然研究，蜀石經「原石書刻部分長約九十釐米，縱高約三十釐米，計入四邊留白則整石約長一米、縱高約半米」，「蜀石經《毛詩》原石一面約容三十七行，大字滿行十四字，小字滿行二十字左右，單排佈局，雙面書刻」。[二]與唐石經相較，蜀石經縱高三十釐米，每行大字十四字，一字亦在兩釐米左右，可見唐、蜀石經同樣作爲石刻碑版，閱讀、觀賞須有一定距離，故字形大小相仿。但唐石經每行十字，蜀石經每行十四字，殆因唐石經整碑高大，蜀石經碑式相對矮小，閱讀時站立距離須有遠近差別，故行容字數略有多少；且蜀石經還夾有雙行傳注小字，故大字不宜過密過小。這樣推測，是基於與中古寫卷每行十七字比較而得。我們閱讀寫卷距離，一般要近於觀賞碑刻的距離，對象近，視線控制力强，字形不妨略小；對象遠，視線控制力弱，字形必須略大。結合五代北宋版刻而言，每行在二十一二字左右，這是書卷可以隨意湊近閱讀，字形允許更小一些的緣故。如果這種推測有一定道理，則唐、蜀石經字體大小和每行容字多少都是當時策劃者和工匠深思熟慮而定出的碑式。唐石經每欄上下相距僅二釐米左右，而蜀石經則約近十釐米，此則因唐石經整碑要容納八欄，没有多餘的空間；而蜀石經單欄横行，就美觀起見，也須上下留足邊框。

四種石經碑式沿革變化如上，而文本之衍化則更爲複雜。

先秦儒家經典文本，在秦漢之交時，先後由篆文轉寫成隸書，轉寫過程中不免産生誤認或錯寫，流傳過程中更增磨滅與殘泐因素。逮及孔壁和山巖屋壁之六國古文寫本顯世，校覈隸書今文本，可以看出很多因誤認、磨滅和殘泐而造成的錯譌與經師牽强附會的説解，劉歆、班固謂「後世經傳既已乖離，博學者又不思多聞闕疑之義，而務碎義逃難，便詞巧説」，當即指此而言。六國古文固然可以校正今文經本的某些錯譌和臆説，但因其字體奇形多變，難以辨認，同樣帶來很多識讀上的困難，以致經師仍不得不揣度文義，用自己方域中同音和近音來推求與文義相合的古文正字，此一過程就經師主觀層面而言是「漢讀」，從字與字造成對

[一] 侯金滿《唐石經碑式與中古書册制度關係探微》，《文獻》2021年第4期，第32—52頁。

[二] 王天然《蜀石經形制蠡識》，《文史》2019年第三輯，第128頁，中華書局，2019年。

應，構成異文的客觀而言則是「通假」。不同的漢讀和通假形成不同的文本，不同的經師爲自己的漢讀文本所作的解説即是不同的師説，經師各以不同的學説傳授，形成漢代的師法和家法，最終導致五經博士的增立。各師法間師説和文本憑藉官學逐漸固定，但在經義上互有歧義甚至相左，在一定程度上妨礙了通經致用的政策和策略施行，於是需要召開石渠閣和白虎觀會議來統一經義。石渠閣和白虎觀兩會雖在某些經義上取得官方的一種傾向性意見，却並未消弭各家文本的異同，所以才會有削改蘭臺簡牘文字之舉。熹平石經選擇七經中一家作爲主要文本，而將同一經的其他家法文本異文經校勘後刊於碑陰，使無論研習哪一家師法的人都有一個可依憑的標準文本。從這個意義上説，熹平石經之刊刻，是漢代今文經本在皇權指導下走向統一的第一步，它是在十四博士和官學外的衆多家法上進一步確立了以申培《魯詩》、梁丘《易》、歐陽《尚書》、大戴《禮》、嚴彭祖《春秋公羊》爲主的今文本系統。可惜的是，隨著劉漢與曹魏政權的興替，經學也由今文經轉向古文經。剛刊立不久的熹平石經轉眼成爲明日黄花，被三體石經替代。三體石經以古文、篆文和隸書三種文字刊刻，其古文的來源一直有争論，其實，不僅古文的來源需要檢討，連篆文和隸書文本的選取也必須追溯，它是古文本的篆隸對應轉寫，還是另有一種用篆隸書寫的古文經文本的配合？只是出土殘石有限，暫時無法比較研討。但有一點可以確定，曹魏既然刊立古文經，必然是依據當時官學經師公認的、有目共睹的古文經文本。

今古文經學的興替，導致今文經文本的逐漸散佚甚至失傳。但儘管文本先後散佚、失傳，其文本中的某些語詞、文字仍會被無意混入或有意替代到通行的古文經文本中。因爲魏晉以後雖然古文經盛行，但今、古文經的對立已泯滅消解。紙張的漸行普及，原來裹糧從師的讀書形式也相對改變，除在官學中求學，個人也可通過日益普及的傳抄文本獨自學習。無論是國學師受還是個人研讀，經師和學生都可能根據所能見到的今古文經本選擇適合於自己對經典理解的文字作解，這並非是篡改經文，而是改有所本，即有前代經師文本依據。作出這種判斷的證據是，《毛詩》在東漢中後期開始盛行，字形由隸轉楷，至兩晉以後幾乎獨行天下。隋唐間陸德明《經典釋文》收録《毛詩》音義者十七家，録存近一千組異文。這些異文除楷書點畫之異外，有用毛傳傳文替代而産生的異文，有用鄭箋箋文替代而産生的異文，也有用王肅注文替代而産生的異文，有的異文竟和《韓詩》相同，證明擇取三家《詩》文字入《毛詩》之情況確實存在。顔之推《書證》篇列舉河北本、江南本、江南舊本、俗本，以及《釋文》和《五經正義》所舉官本、定本等異同，可以想見民間隨手所抄，信手而改，不斷産生異本，而官方則不斷校勘，努力規範，冀望形成統一文本的歷史境況。進入唐代，顔師古有《定本》，孔穎達有《正義》本。但孔氏《正義》單行，不與所疏文本合一，故《正義》仍然無法規整官本和民間文本。開元、乾元、貞元三朝都曾校勘經典，大曆間張參校勘後書於國子監講論堂東西廂，寶曆時齊皞、韋公肅再校而書於木版，至鄭覃於大和初年重新校勘，而後書丹刻成開成石經。鄭覃所校，其取捨不必一定符合漢魏經師文本，但應是代表唐代官方校勘的，從顔、孔之後，歷經張參、齊皞、韋公肅已還的「定本」。這個定本的經文在大和及大和以前寫本散佚殆盡的前提下，無疑成爲嚴可均所説的「古本之終，今本之祖」。

唐石經作爲「古本之終」略如前説，其作爲「今本之祖」，首先要辨析的就是後唐長興年間由馮道、李愚發起刊刻的九經印版——北宋的國子監版的藍本，與孟蜀刊刻的廣政石經之關係，以及兩者的祖本問題。因爲長興九經印版刊刻時間在前，廣政石經的鐫刻過程在後，從有竣工記載的廣政七年（944）一直到北宋末年方始刻成。所以一般論蜀石經者，多先述長興刻本刊刻過程，接敘蜀石經的刊刻，給人的印象是，蜀石經是依據長興刊本而刻。此當略予辨證。

刊版九經始刻於長興三年（932），據《册府元龜》和《五代會要》所記，它的經文是以「西京石經本」——「今本之祖」的唐石經爲底本，注文則是請研習專經的博士儒徒將寫本上的注文勾稽移置到相應的經文下。其注文文本來源史書缺載。長興版九經中《周禮》刊成於後周廣順三年（953），所附刻的《九經字樣》刊成於後晉開運三年(946)，可知前後長達二十餘年。蜀石經係蜀相毋昭裔捐俸金所刻，其所據文本，曾宏父《石刻鋪敘》「孝經一册二卷」下記云：「孟蜀廣政七年三月二日右僕射毋昭裔以雍京石本校勘。」所謂「雍京石本」，當然是開成石經，以開成石經作爲校勘本，可見原本與長興版取開成石經經文雕版者不同。長興版是開成石經原文，而蜀石經僅是以開成石經校勘。開成石經是鄭覃在大和本基礎上校勘後上石鐫刻，蜀石經無論取何種寫本爲底本，其在取開成石經拓本校勘過程必有去取，兩者不會完全相同，這或許就是晁公武校勘後有三百二科之異的緣故。

蜀石經經文與長興版來源略異，已可證兩者無承襲關係。若再從政治和地理上考慮，五代割據的政治形勢，各自爲政，且從後唐的洛陽到孟蜀的成都，相去遥遥一千多公里，不可能洛陽刻成一經，傳送到成都再翻版上石。當然，從時間上看，長興雕版在前，廣政刻石在後，蜀石經鐫刻經傳受到長興刊版的影響不無可能。毋昭裔年輕時借《文選》遭受白眼，其刊刻《文選》《白帖》之類亦在情理中，而捐資刊刻九經經傳這種浩大工程，很可能是長興刊版的消息在十多年中傳到了成都。筆者曾經這樣思考，蜀石經最先刻成的是《孝經》《論語》《爾雅》三經，時在廣政七年三月至七月。此三書是蒙學必讀，符合毋昭裔發願讓天下讀書人有書讀的初衷，也與刊刻《文選》《白帖》相應。其《周易》刻成於廣政十四年，前此數年長興版《九經字樣》刻成，馮道、李愚的九經計劃已昭然若揭，若消息傳到成都，自會激起毋昭裔更大的宏願，索性將三經外其他諸經一併續刻以成一功，此雖屬推測，却不無可能。

無論蜀石經之鐫刻是否受到長興刊本的影響，所要確定的是，蜀石經的注文從何處得來。回溯唐石經及其前身，張參校勘九經書於泥壁，齊皞、韋公肅校勘書於木板，都只是經文，無注文。但從陸德明《經典釋文》所載分析，六朝到唐初，廣泛流傳的儒家經典多已是漢魏經師傳注合一之本。敦煌殘卷所出，亦以經傳、經注合一本爲多，偶有單經本，大多爲民間讀書人抄書自用。再就孔穎達、賈公彦等所作《正義》分析，既解經文，亦解傳注，顯示出六朝「義疏」體盛行之後，經典與漢魏經師的傳注常態下已不再分開。所以，唐石經雖只鐫刻經文，其每經大題下仍注明漢魏經師的姓名，如《易》「王弼注」「韓康伯注」、《書》「孔傳」、《詩》「鄭氏箋」、《周禮》《儀禮》「鄭氏注」。《禮記》雖將《御删定禮記月令》置第一，題「集賢院學士尚書左僕射兼右相吏部尚書修國史上柱國晉國公林甫等奉勑注」，而《曲禮》以下仍標「鄭氏注」，説明由張參到鄭覃所校勘的九經也是經傳合注本，只是鐫刻石經時，取經文書丹上石。由此可證張參、齊皞和鄭覃校本都是一脈相承的經傳合一本，亦即大和寫本必定是經傳合一本。唐石經刊成於開成二年(837)，下距朱温移易唐祚尚有六七十年之久。儘管文宗之後唐朝一直在走向衰敗，但舉世矚目的大工程石經刊成後拓本頒布各地自在情理之中。至於張參、齊皞、鄭覃在相繼校勘寫本時，是否對傳注文字進行校勘，或雖校勘而不經意，今難以推測。但經他們校勘後的大和寫本在此後的數十年中會傳播開來，至少各路藩鎮和地方政府能夠獲得的機率很大，當然在傳抄過程中也不免走樣。退一步言，即使地處西南邊陲的成都當時未獲得大和經傳寫本，爲了鐫刻石經工程，從各種渠道去尋覓，也在情理之中。成都離長安近而離洛陽遠，所以從民間渠道獲得可能要比官方交涉更簡捷。

當然，經傳合一本既從隋唐以來都已傳遍各地，偏西的成都地區原來就有也完全可能。但北宋趙抃於治平元年(1064)出知成都，作《成都記》，謂毋昭裔「依大和舊本令張德釗書」，紹興年間的席益作《府學石經堂圖籍記》，説毋昭裔是「按雍都舊本九經」，趙氏、席氏都親見蜀石經，深知蜀石經爲經傳合一本，「雍京石本」是不附傳注的經文本，如果趙氏「大和舊本」、席氏「雍都舊本」僅指不附經文的「雍京石本」，至少詞義上無法包容毋昭裔所刻的經傳合編的蜀石經。又因由長興本經補刻、翻刻的北宋國子監本是來源於雍京石本即唐石經，是宋人的一種常識，所以趙、席兩人都用一「舊」字，點明毋氏所用是大和寫本而不是石本，大和舊本、雍都舊本是經注合一寫本，而不是只有經文的「雍京石本」。晁公武説「蜀人之立石」，「而能盡用大和本，固已可嘉」。晁氏親與石經之事，固是明白人，他不用「雍京石本」或「石經」一詞，而用「大和本」，假如他的大和本是指石經本，與長興本所據相同，毋氏的舉措也就不那麽「可嘉」了。王應麟也説：「僞蜀相毋昭裔取唐大和本琢石於成都學官，與後唐板本不無小異。」王氏後文即舉晁公武《石經考異》三百二科和張奐的《石經注文考異》四十卷。在近五十餘萬字中有二百三十個異文，只能是「小異」，而注文的異文可以達四十卷之多，真的「不無小異」。可見王應麟説毋昭裔所取的「大和本」確實是指經傳、經注合一的大和舊寫本，即趙氏、席氏之「大和舊本」和「雍都舊本」，亦即由張參到鄭覃一脈相承的校本。毋氏取大和舊本，校以「雍京石本」，或改或不改，所以和完全取開成石經爲底本的長興雕版本有差異。如果毋昭裔直接取開成石經經文上石，曾宏父就不可能記其「以雍京石本校勘」，晁公武明知其用開成石經經文，則與長興監本所取相同，再組織人員去校勘兩者異同，儘管也有意義，但意義似乎不大，因爲校出的異同也就是兩者在摹寫上石刊刻過程中與唐石經的差異，且無法判定是非。再進一步追究，晁氏之時，唐石經的拓本取用方便，他何以不直接取唐石經拓本去校蜀石經和長興監本，以直接顯示兩者與唐石經的異同是非？其之所以要以蜀石經校長興版，正因爲蜀石經用大和舊寫本，是唐石經的母本，可以追溯雍京石本以前的文字樣貌。所以雍都舊本九經、大和本，都是指鄭覃據以校勘上石的大和舊寫本。

由上所述，蜀石經是毋昭裔取大和時經傳合一的寫本，校以開成石經經文，爲避免開成石經分欄跨碑寫刻的紛亂，采取了單欄帖式的形態刊刻。但由於没有成立一個機構有序的專門管理，校勘、書寫不精，以致頗多紕繆。

蜀石經單欄橫書，經傳兼刻，所以累累千餘石，宋代曾爲專闢石經室以儲。晁公武之後，曾宏父、趙希弁都曾專門述及。及入元之袁桷有詩説「草堂舊詠迷陳迹，石室殘經卧落暉」，則元初石經已圮毁堆積，任餘暉斜照而無人顧及，入明而石不見存，並拓本亦希覯。後人對如此體量的蜀石經之亡佚，有過各種推測，錢大昕認爲亡於蒙元破蜀陷城，近代因清乾隆時福康安修城，掘城址曾獲殘石，二十世紀三十年代在拆除城垣時又發現殘石若干，故馬衡認爲是修築城垣時以爲石料。王天然認爲修築城墻發掘所得殘石數量過少，與成千塊碑石差距太大，指出應考察兩宋成都府學的舊址，可能曾就地掩埋。筆者認爲三種推測都有可能，並不矛盾。蒙元入主中原，世祖於至元十五年（1278）四月庚辰，曾聽許衡建議，「遣使至杭州等處取在官書籍版刻至京師」。有輕便的版片，就不必去搬運笨重的石片。推想戰亂之際，鐵蹄踐踏，石經被推倒摧毁，累累如石丘，故袁桷能親見其堆卧在斜陽之下。石經既然已經凌亂堆積，無法椎拓利用，而修城需要石料，取而用之，就像北魏馮熙、常伯夫先後爲洛州刺史，毁漢魏石經「以修建浮圖精舍」一樣，上下千載，心理相同。石材始終是修築的基礎材料，築城是利在民衆，取用廢棄的石經更屬理所當然。至於發掘所得太少，或當年築城所取不多，則尋找、探勘成都府學舊址，便成爲研究石經者的一種冀望。

二〇二三年十一月

寫於馬一浮書院

概　述

王天然

蜀石經主要包括三個部分，一爲後蜀廣政七年(944)起蜀相毋昭裔於成都主持鐫石的《孝經》《論語》《爾雅》《周易》《毛詩》《尚書》《儀禮》《禮記》《周禮》《左傳》十種儒家經典〔一〕，二爲北宋皇祐元年(1049)田況繼續於益州州學主持刻畢的《公羊》《穀梁》二傳〔二〕，三爲北宋宣和五年(1123)席貢主持鐫刻、六年(1124)終由彭慥完成的《孟子》。南宋乾道六年(1170)晁公武又據呂大防本於成都府學增刻《古文尚書》〔三〕，然晁刻或出於私好，性質與他經不同〔四〕，故本書不以此經爲狹義之蜀石經。

一　蜀石經之刊刻與毀佚

（一）刊刻緣起

《舊五代史》卷四三《明宗紀》載：「(長興三年[932]二月)辛未，中書奏：『請依石經文字刻九經印板。』從之。」〔五〕《册府元龜》卷六〇八載：「後唐宰相馮道、李愚重經學，因言漢時崇儒有三字石經，唐朝亦於國學刊刻。今朝廷日不暇給，無能别有刊立。常見吴蜀之人鬻印板文字，色類絶多，終不及經典。如經典校定，彫摹流行，深益於文教矣。乃奏聞。敕下儒官田敏等考校經注。」〔六〕由此可知後唐時因朝廷日不暇給，並未鐫刻石經，而是將經籍雕版印行，這便是著名的五代國子監刻本。

北宋張俞《華陽縣學館記》云：「惟孟氏踵有蜀漢，以文爲事。凡草創制度，僭襲唐軌。既而紹漢廟學，遂勒石書九經。」〔七〕晁公武《石經考異序》亦載：「趙清獻公《成都記》：僞蜀相毋昭裔捐俸金取九經琢石于學宫。」〔八〕則時至後蜀毋昭裔乃將刊刻石經付諸實行。顧永新先生又據張俞説指出「宋人對於孟蜀文化政策之因襲唐朝是很清楚的」〔九〕。後蜀刊立石經或有多種因素，但賡續唐制、規範經

〔一〕《左傳》前十七卷爲孟蜀時刊刻，後十三卷入宋刻畢。

〔二〕益州州學即成都府學，此時成都府降爲益州。

〔三〕詳見南宋曾宏父《石刻鋪叙》卷上所載。呂本當據唐寫本，詳見南宋史繩祖《學齋佔畢》卷三。以晁刻《古文尚書・禹貢》《多士》殘石存字與薛季宣《書古文訓》對讀，可知二者略同；另晁公武《古文尚書序》所舉「曰若」例，亦爲二者關係密切的佐證。説詳王天然《蜀石經著録疏證(上)》，《經學文獻研究集刊》第 20 輯，上海書店出版社，2018 年，第 71 頁。此前侯金滿先生已指出薛本與晁刻底本相同，因現存晁刻十分有限，暫以二者具有密切關係。請參侯金滿《三體石經與〈書古文訓〉隸古定文字來源問題初探——以〈尚書・君奭〉經文之比較爲中心》，《經學文獻研究集刊》第 13 輯，上海書店出版社，2015 年；後收入虞萬里主編《七朝石經研究新論》，上海書店出版社，2019 年，第 216—217 頁。

〔四〕龐石帚《跋晁刻〈古文尚書〉》云「《筆記》又謂：『荆公《字説》，余生平惟見王瞻叔參政篤好不衰，每相見必談《字説》……其次晁子止侍郎亦好之。』知其被服儒雅，而天性嗜奇，宜乎有古文之刻也」。詳見龐俊著，白敦仁纂輯，王大厚校理《養晴室遺集》，成都：巴蜀書社，2013 年，第 380 頁。晁氏增刻《古文尚書》蓋出於嗜奇好古的趣味，既無法與石經源頭之熹平石經正定經文的動機類比，也不同於廣政、皇祐、宣和蜀地官方刊刻石經。乾道四年(1168)子止以敷文閣待制爲四川安撫制置使兼知成都府；六年三月以公武、王炎不協，罷制置司歸宣撫司；五月則有《古文尚書》之刻；八月即以敷文閣直學士降授左朝請大夫，除淮南東路安撫使兼知揚州。詳見孫猛《郡齋讀書志校證》附録一《晁公武傳略》，上海古籍出版社，1990 年，第 1280、1285、1288 頁。《古文尚書序》又云「因得此古文全編於學官，迺延士張㚤倣呂氏所鏤本書丹刻諸石」，刊刻此經雖利用了成都府學的資源，但仍應視爲晁公武政治失意之時出於私好的個人行爲。

〔五〕(宋) 薛居正等撰《舊五代史》，點校本二十四史修訂本，北京：中華書局，2016 年，第 676 頁。

〔六〕(宋) 王欽若等編《宋本册府元龜》，北京：中華書局，1989 年，第 1873—1874 頁。文中所謂漢「三字石經」，或沿襲范曄《後漢書》誤説。

〔七〕(宋) 袁説友等編，趙曉蘭整理《成都文類》，北京：中華書局，2011 年，第 606—607 頁。文中「九經」之稱乃沿襲唐以來的習慣。

〔八〕晁序存於范成大《石經始末記》中，范記載明楊慎《全蜀藝文志》卷三六、曹學佺《蜀中廣記》卷九一。

〔九〕顧永新《蜀石經續刻、補刻考》，《儒家典籍與思想研究》第 3 輯，北京大學出版社，2011 年，第 173 頁。

文，應是最爲重要的原因。

（二）刊刻過程

南宋曾宏父《石刻鋪敘》「益郡石經」條載〔一〕：

《孝經》一册二卷。序四百三十九字，正經一千七百九十八字，注二千七百四十八字，孟蜀廣政七年三月二日，右僕射毋昭裔以雍京石本校勘，簡州平泉令張德釗書，鐫工潁川陳德謙。

《論語》三册十卷。序三百七十二字，正經一萬五千九百十三字，注一萬九千四百五十四字，廣政七年四月九日，校、書、鐫姓名皆同《孝經》。

《爾雅》一册二卷。不載經注數目，廣政七年甲辰六月，右僕射毋昭裔置，簡州平泉令張德釗書，鐫者武令昇。

《周易》四册十二卷，又《略例》一卷。正經二萬四千五十二字，注四萬二千七百九十二字。廣政十四年辛亥仲夏刊石，朝議郎國子《毛詩》博士孫逢吉書〔二〕。

《毛詩》八册二十卷。正經四萬一千二十一字，注十萬五千七百一十九字。將仕郎祕書省祕書郎張紹文書，鐫工張延族。

《尚書》四册十三卷。正經二萬六千二百八十六字，注四萬八千九百八十二字。將仕郎祕書省校書郎周德貞書，鐫工陳德超。

《儀禮》八册十七卷。正經五萬二千八百二字，注七萬七千八百九十一字。

《禮記》十册二十卷。正經九萬八千五百四十五字，注十萬六千四十九字。以唐玄宗所刪《月令》爲首〔三〕，《曲禮》次之，亦張紹文書。

《周禮》九册十二卷。正經五萬五百八字，注十一萬二千五百九十五字。將仕郎祕書省祕書郎孫朋古書〔四〕。

《春秋左氏傳》二十八册三十卷。序一千六百一十七字，經傳十九萬七千二百六十五字，注十四萬六千九百六十二字。（蜀鐫至十七卷止。）

曾宏父著録較詳，蓋親見成套蜀石經拓本。據此可知《孝經》《論語》《爾雅》刻於廣政七年，《周易》刻於廣政十四年，《毛詩》、《尚書》、三《禮》雖不書年月，亦當刻於廣政間。《左傳》「蜀鐫至十七卷止」，則該經於孟蜀時書寫，並鐫至十七卷，後十三卷入宋刻畢〔五〕。

曾書又云《公羊》《穀梁》「畢工於皇祐元年己丑九月望日，帥臣樞密直學士京兆郡開國侯田況，益州路諸州水陸轉運使曹穎叔，提點益州路刑獄孫長卿暨倅僉皆鐫銜於石」，另外《孟子》「宣和五年九月帥席貢暨運判彭慥方入石，踰年乃成」。則《公》《穀》二傳爲北宋皇祐元年續成，《孟子》爲宣和六年補成明矣。

〔一〕（宋）曾宏父《石刻鋪敘》卷上，國家圖書館藏清董兆元抄本（善本書號：06605）。此處據董抄本録文，並參劉體乾家抄本，詳見《歷代石經研究資料輯刊》第3册，北京圖書館出版社，2005年，第319頁。

〔二〕董抄本「國子」作「國史」，然「史」上又寫「子」字，並有批語曰：「『子』字從《續筆》。」即洪邁《容齋續筆》「周蜀九經」條所云「《周易》者，國子博士孫逢吉書」，詳見（宋）洪邁撰，孔凡禮點校《容齋隨筆》，北京：中華書局，2005年，第395頁。另，趙希弁《讀書附志》亦載《周易》爲「將仕郎守國子助教臣楊鈞、朝議郎守國子《毛詩》博士柱國臣孫逢吉書」，詳見《昭德先生郡齋讀書志》卷五上《附志》，臺北故宮博物院藏宋袁州刻本，第1A頁。今徑改「國史」爲「國子」。

〔三〕董抄本「玄」字避諱闕末筆。

〔四〕董抄本作「孫朋古」。劉抄本作「孫朋吉」，並録翁方綱語曰「《玉海》作孫朋吉，史容山谷詩注作孫朋古」。按，晁公武《石經考異序》、趙希弁《讀書附志》作「朋吉」，「古」「吉」字近，宋人著録參差。因趙希弁當親見蜀石經拓本，且《附志》有宋刻存世，作「朋吉」者或近於事實。然尚屬推測，今不徑改。

〔五〕蜀石經《左傳》卷十八至卷三十雖爲入宋刻畢，但並非宋人續寫鐫石，完成時間亦不會遲至皇祐元年田況刻成《公羊》《穀梁》之時。此事清翁方綱、錢大昕已辨，詳見王天然《蜀石經著録疏證（下）》，《經學文獻研究集刊》第21輯，上海書店出版社，2019年，第22—24頁。

（三）毀佚時間

從蜀石經著録角度觀察，元人已罕有記述。錢大昕《石經左傳殘字》云：「南宋時蜀石經完好無恙，曾宏父、趙希弁輩述之甚詳，而元明儒者絶無一言及之，殆亡於嘉熙、淳祐以後。」〔一〕錢氏以元明人不言蜀石經，故推測原石亡於南宋理宗嘉熙、淳祐以後，這正是蒙古侵蜀破陷成都的時段，此説頗爲合理。元人羅壽《成都贍學田記》言「成都自丙申蕩于兵，文物泯盡」〔二〕，袁桷七律《送巨德新四川省郎中》亦有「石室殘經卧落暉」句〔三〕，或可作爲當時蜀石經原石已經毁棄的旁證。

另外，《華陽縣志》云：「十七年張獻忠入成都，此自漢傳世歷千餘年，石室遂爲灰燼。然以實考之，禮殿畫壁，石室九經或亦有毁於宋元之際者，不盡由獻忠也。獨獻亂之後，則舊基故跡掃地無餘。」〔四〕似認爲蜀石經的毁佚多少與張獻忠有關，此説需要辨析。明曹學佺《蜀中廣記》卷一載成都府學「諸刻今皆不存，所存者孔門七十二子像，又近時摹宋本」〔五〕，所記當爲曹氏親睹〔六〕。據此可知至遲明萬曆時蜀石經已佚，故原石散亡當與明末張獻忠入蜀無涉。

（四）毀佚原因

蜀石經毁佚之由除宋蒙戰争這一推測外，還有修城一説。馬衡《晁公武刻古文尚書殘石跋》云：「乃自晁公武、張㚟之後，闃然無聞，僅知明時有《禮記》數段在合州賓館，清乾隆間福康安修城時，有人於城址得殘石數十片而已。其摧毁之時代及其原因，何以毫無記載耶？抗日戰争初期，余至成都，嘗以此促學術界注意。及成都遭受敵機空襲，疏散市民，拆除城垣缺口多處，以通行人，果得殘石若干片。……然則摧毁原因，或即以修築城垣之故。摧毁之時，或在元代也。」〔七〕此説因抗戰期間於成都老南門城垣發現蜀石經殘石而起，但原石的毁佚是否即因修築城垣之故，目前所知尚不足以支持此説〔八〕。蓋毁於宋蒙戰争爲一事，毁棄之後部分殘石用爲城墻填充物又爲一事。蜀石經原石主體毁佚於宋蒙戰争，可能仍是目前最爲合理的解釋。

二　蜀石經之孑遺

蜀石經原石毁佚較早，拓本存世甚罕。目前已知蜀石經孑遺，主要由上海圖書館所藏《毛詩》殘拓，國家圖書館所藏《周禮》、《春秋》三傳殘拓，近代成都出土殘石及其拓片三部分構成。殘石出土時多爲私人收藏，後或歸公藏，或再度湮没，今四川博物院藏有《周易》《尚書》《毛詩》殘石五塊、中國國家博物館藏有

〔一〕（清）錢大昕撰，祝竹點校《潛研堂金石文跋尾》，《嘉定錢大昕全集（增訂本）》第6册，南京：鳳凰出版社，2016年，第269頁。

〔二〕（明）楊慎編《全蜀藝文志》卷三六，國家圖書館藏明萬曆刻本（善本書號：02960），第31B頁。

〔三〕（元）袁桷著，李軍、施賢明、張欣校點《袁桷集》，長春：吉林文史出版社，2010年，第152頁。

〔四〕《華陽縣志》卷二九，國家圖書館藏民國二十三年（1934）刻本（索書號：地280.19/42），第68B—69A頁。

〔五〕（明）曹學佺《蜀中廣記》，國家圖書館藏明刻本（善本書號：02247），第9B—10A頁。

〔六〕曹學佺萬曆中任四川右參政、按察使。詳見（清）張廷玉等撰《明史》卷二八八，北京：中華書局，1974年，第7400頁。

〔七〕馬衡《凡將齋金石叢稿》，北京：中華書局，1977年，第260頁。

〔八〕宋人晁公武曾親見蜀石經原石云「其石千數」，據蜀石經形制初步復原結果判斷，晁説並非修辭性的表述。説詳王天然《蜀石經形制謭識》，《文史》2019年第3輯，第128頁。若因修城毁石，南門城垣附近所出殘石數量過少，尚難支撑此説。而南門城垣，可能也並非蜀石經原石湮没的唯一地點。近年考古發現及圖像史料提供的證據，都提示我們庋藏蜀石經的兩宋成都府學位置後來當有遷移，更多殘石存在就地掩埋於南宋府學遺址的可能性。未來發現蜀石經原石的區域，除城垣遺址外，天府廣場一帶亦具可能。説詳王天然《兩宋以來的蜀石經研究》，《中國史學》第29卷，京都：朋友書店，2019年，第76—77頁。

《儀禮》殘石一塊[一]。另有不見原石之殘拓若干，分藏於公私。今重慶中國三峽博物館所藏拓片，去除重複後凡十三葉，内容涵蓋了全部見於著録的蜀石經殘石。

（一）上海圖書館所藏殘拓

1. 拓本描述

上海圖書館所藏《毛詩》殘拓一册，面板高 37.8 釐米，寬 19.5 釐米，帖芯高 30.3 釐米，寬 14.6 釐米[二]，起自卷一《召南・鵲巢》鄭箋「爵位，故以興焉」，終於卷二《邶風・二子乘舟》尾。拓本最外一層裝具爲藍布書衣，内配楠木書匣，書匣爲側開，正面刻「蜀石經毛詩殘碑　士禮居藏　一册全函」，並有墨筆字跡「乙號中」。拓本錦質面板上有題簽作「蜀石經毛詩殘本　嘉慶十年（1805）七月嘉定錢坫獲觀并題」，後鈐「獻之」朱文方印。此本凡五十一開，第一開置道光二十八年（1848）五月戴熙題記，此兩葉題記爲活葉；第二開爲道光二十八年三月葉志詵題識；第三開爲「藏經箋」副葉，其中似有「反印」痕跡，即文字之水平鏡像，惜不清晰[三]；第四開至第四十四開爲殘拓，共占四十一開，末開左半無字，殘拓實存四十開半；第四十五開至第四十七開爲嘉慶九年（1804）四月李福過録厲鶚、丁敬、趙昱詩及全祖望跋；第四十八開至第四十九開爲嘉慶九年四月黄丕烈題識；第五十開右半爲錢大昕致黄丕烈書札一通，左半爲黄丕烈題詩一首；第五十一開爲黄丕烈嘉慶九年十一月題識。

據黄丕烈嘉慶九年四月題識可知，此册初歸黄氏時猶爲舊裝，覆背俱宋紙，四圍亦用宋皂紙副之，但因蠹蝕破損不得已而重裝，今日所見拓本形態及配套書匣即蕘圃收藏時形成。殘拓每半開皆有朱筆數字即拓本葉號，始「卅一」終「百十一」，葉號中「百」字的寫法頗具特色，作「一　」形。卅二、卅六、卅九、四三、四七、四九、五三、五六、六六、六七、六八、七〇、七一、七五、七六、七七、七九、八一、八二、八三、八八、八九、九三、百一、百三、百六、百八、百九諸葉中有朱筆卜煞符號，另殘拓中間有朱點、黄圈等符號以及朱筆改字，皆爲古人校讀痕跡。

殘拓中還遺有數字之刻字。如葉卅七 221 行小字「以」上端尚存刻字「八」，蓋「六」之殘形；222 行大字「之」上端尚存刻字「乚」，蓋「七」之殘形。葉五〇小字「裯」上端似有刻字「九」。葉五六 333 行小字「色」上端尚存刻字「丁」，蓋「十」之殘形。葉六八 407 行小字「初」上端尚存刻字「丁」，該字後似有「一」，蓋「十一」之殘形。葉六九 409 行大字「土」上端尚存刻字「一二」，蓋「十二」之殘形。葉七四 444 行小字「兵」上端尚存刻字「十二」。葉八一 482 行大字「不」上端尚存刻字「四」，蓋「十四」之殘形。葉八七 519 行小字「當」上端尚存刻字「ㄎ」，大字前「我」右側尚存刻字「十ㄋ」，蓋皆「十五」之殘形。葉九三 556 行小字「爲」上端尚存刻字「六」，小字「不來」右側亦存刻字殘筆，蓋皆「十六」之殘形。葉九九 592 行大字「辇」上端尚存刻字「六」，蓋「十六」之殘形。葉百五 630 行小字後「止」上端尚存刻字「十八」。這些數字當爲原石編號，乃製作拓本時未被裁去者，是考察蜀石經形制的重要綫索。此外，帖芯内部非左右、中間邊緣之剪裱拼接痕跡，也可爲推斷原石形制提供依據。

[一] 近代所出殘石中還有《古文尚書》殘石一塊（現藏四川博物院）、《毛詩》重言殘石兩塊（現藏地不明），前人或將《古文尚書》歸爲蜀石經，或疑《毛詩》重言殘石即南宋張㚖所撰《石經注文考異》。本書既不以前者爲狹義之蜀石經，理由已見上文；也不以後者爲《石經注文考異》，原因詳見書内録文部分説明。

[二]《毛詩》原拓請本書責任編輯郭沖、虞桑玲二位老師代檢，測量使用軟尺，帖芯據殘拓首開右半葉實測。

[三] 陳鱣嘉慶九年十二月爲吴騫《蜀石經毛詩攷異》題記云「今歸吴中黄君紹甫，裝以藏經箋，函以香梠木」，今日之楠木書匣及「藏經箋」副葉蓋陳氏當日所見者。詳見《歷代石經研究資料輯刊》第 8 册，北京圖書館出版社，2005 年，第 461 頁。

2. 拓本遞藏

清乾隆時《毛詩》殘拓爲錢塘黄樹穀廣仁義學所藏，松石蓋得自京師〔一〕。乾隆七年(1742)臘月此本曾在杭州趙昱家中，嘗爲厲鶚、丁敬、全祖望等人觀賞〔二〕。嘉慶九年(1804)四月長洲黄丕烈從浙省購得，歸黄之前此本經烏程劉桐、王專及仁和魏鈛收藏〔三〕。據張鑑《蜀石經毛詩殘本跋》所云「蜀石經《毛詩》殘本自《鵲巢》首章『之子于歸百兩御之』起，至《邶風·二子乘舟》章止。癸亥冬余還湖州，見於王雪浦處」〔四〕，則嘉慶八年冬此本在王專處時，已由乾隆七年時的二《南》、《邶風》二卷佚去《周南》及《鵲巢》首。拓中還鈐有汪文琛、汪士鐘藏印，黄丕烈舊藏乃汪氏藝芸書舍主要來源之一，則黄氏之後爲汪氏所有，其後又歸嘉善程文榮。1949年後上海市文物保管委員會徵集自程家，今藏上海圖書館〔五〕。

（二）國家圖書館所藏殘拓

1. 拓本描述

國家圖書館所藏蜀石經殘拓包括《周禮·秋官》《考工記》、《春秋經傳集解·襄公》《昭公》、《春秋公羊經傳解詁·桓公》〔六〕、《春秋穀梁傳·文公》《成公》《襄公》的部分内容，共計拓本七册。此批殘拓爲廬江劉體乾於1910年至1926年陸續收得，並在1926年影印刊布。其後原拓又歸合肥李氏望雲草堂，最後經祁陽陳澄中入藏北京圖書館（今國家圖書館）。此批拓本内部題端、繪畫、題跋等衍生文獻繁多，現主要圍繞殘拓進行描述，其餘僅在容易産生疑問處加以説明。

(1)《周禮·秋官》拓本一册，殘拓起自卷九《序官·蜡氏》鄭注「月令」，終於卷十《掌客職》鄭注「車秉□」。拓本配有藍布書衣，上繡「宋拓蜀石經周禮弟九弟十」及「蘇陸齋」白文正方印。木質面板上有題簽作「宋拓蜀石經周官禮弟九弟十卷　瞿鴻禨爲健之親家題」，面板、底板皆已開裂。此本凡一百零二開〔七〕，第十九開左半至第九十四開爲殘拓，共占七十五開半。殘拓每半開皆有朱筆數字即拓本葉號，始「十」終「百五九」〔八〕，「百」亦寫作「一」。此外，帖芯内部非左右、中間邊緣處間有剪裱拼接痕跡，可爲推斷原石形制提供依據。

〔一〕黄丕烈嘉慶九年四月題識云：「趙詩小注以爲出於黄松石，今卷二有朱文楷書鈐記一方，所云『浙江杭州府武林門外廣仁義學』，至今彼都人士猶有能知爲松石所置者。」拓本所附趙昱詩小注云：「此本僅存二《南》、《邶風》，黄山人松石得之燕京老僧。」

〔二〕清王昶《後蜀毛詩石經殘本》卷尾按語云：「此本嘗於乾隆壬戌臘月之望從廣仁義學攜至城中，趙氏小山堂主人谷林招集厲樊榭、丁龍泓、全謝山諸人共觀。」詳見《歷代石經研究資料輯刊》第8册，第412頁。而拓本所附李福過録厲鶚詩題「十二月十五日同敬身集谷林南華堂觀蜀廣政石經殘本宋廖瑩中世綵堂刻韓集作」，不言同坐有全氏。李福過録全祖望跋僅言「仁和趙徵士谷林始得其《毛詩》二卷」云云，亦不言與他人共觀。又檢《鮚埼亭集外編》有《跋孟蜀廣政石經》，較拓本所附跋文爲略，但有「偶過趙谷林小山堂，見其蜀本石經《毛詩》」一句，既爲「偶過」，或即一人。詳見朱鑄禹《全祖望集彙校集注》，上海古籍出版社，2000年，第1474頁。故全氏所見之日與厲、丁二人或非一日。

〔三〕拓中鈐有「蘦香樓藏」、「王專印」（環讀）、「雪浦珍藏」諸白文方印，爲劉桐、王專藏印。嘉慶九年，烏程范鍇作《劉疏雨舊有訪書圖屬余題句未就今疏雨云亡余復將作楚游爰賦四絶以誌悲感》，有「六朝南宋著珍藏，茅沈姚潘付蘦香」句，其中「蘦香」即指劉桐。詳見（清）范鍇《苕谿漁隱詩稾》卷一，《清代詩文集彙編》第480册，上海古籍出版社，2010年，第214頁。又《南潯鎮志》卷一三載「同時王鑄，原名專，字藴成，號雪浦，監生。亦嗜金石，能詩，工篆隸」。詳見《中國地方志集成·鄉鎮志專輯》第22下册，上海書店，1992年，第157頁。另吴騫《蜀石經毛詩攷異序》云：「昨歲予友仁和魏叔子鈛復獲二卷于舊肆。」陳鱣題記亦云：「『蜀石經《毛詩》』二卷，吾友錢唐魏君禹新客震澤得之苕谿書賈者，復爲一賈以它物易去，今歸吴中黄君紹甫。」詳見《歷代石經研究資料輯刊》第8册，第457、461頁。

〔四〕（清）張鑑《冬青館乙集》卷六，《續修四庫全書》第1492册，上海古籍出版社，2002年，第155—157頁。

〔五〕徐森玉先生曾勾勒蜀石經《毛詩》殘拓遞藏梗概，詳見徐森玉《蜀石經和北宋二體石經》，《文物》1962年第1期，第9—10頁。今在徐文基礎之上加以增訂。

〔六〕蜀石經《公羊》殘拓未存書題，然據《毛詩》《周禮》《左傳》《穀梁》殘拓書題皆從唐石經之例，《公羊》書題當作「春秋公羊經傳解詁」，本書從便亦稱「公羊」或「春秋公羊傳」。

〔七〕此處所記爲拓本實際開數。本書對無任何信息之空白葉未加影印，夾有活葉處則將此開及放置活葉後之形態分别影印，故圖版開數與實際開數不盡吻合，以下相同之處不再出注。

〔八〕原拓末半開朱筆葉號作「百五九」，應爲「百六十」。

（2）《周禮・考工記》拓本一册，殘拓起自卷十二《玉人》鄭注「辟男」，終於《匠人》經文「牆厚」。拓本配有藍布書衣，書衣上無文字信息。木質面板上有題簽作「宋拓蜀石經周官禮弟十二卷　何維樸爲健之題」，並鈐「維樸印」白文正方印。此本凡七十八開，第十二開至第三十三開爲殘拓，共占二十二開。殘拓每半開皆有朱筆數字即拓本葉號，始「七四」終「百十九」[一]，「百」寫作「一」或近於點形。此外，帖芯内部非左右、中間邊緣處間有剪裱拼接痕跡，可爲推斷原石形制提供依據。此本書根處有墨跡（圖一），墨跡落在殘拓及咸豐間吴履敬、吴式訓、馮志沂、孔憲彝、陳慶鏞等人題記部分。字跡筆畫錯開，原序應爲「⑤①④③②⑥」（圖二），重新拼合後可知本作「宋拓蜀石經殘本上」。筆畫錯開處均屬殘拓，則書寫此八字時殘拓順序與今日不同，曾一度混亂，後經重裝理順。

圖一　《周禮・考工記》拓本書根墨跡

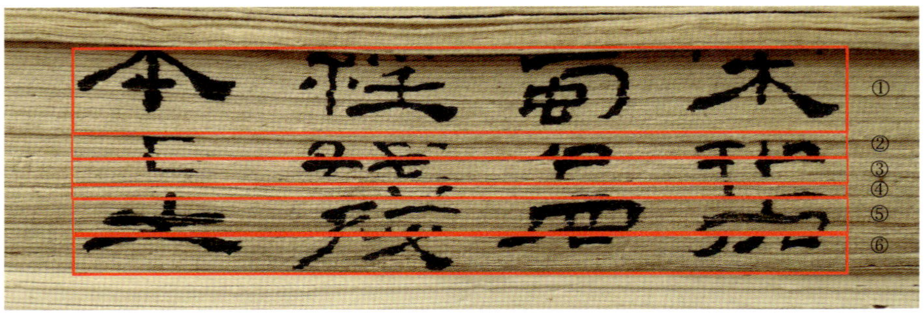

圖二　《周禮・考工記》拓本書根墨跡筆畫錯開

（3）《春秋經傳集解・襄公》拓本一册，殘拓起自《左傳》卷十五首，終於卷十五尾，内容爲襄公十年至十五年經傳及杜注。拓本配有藍布書衣，上繡「宋拓蜀石經左傳弟十五」及「蜀石經齋」白文正方印。木質面板上有題簽作「宋拓蜀石經春秋左氏傳弟十五卷　瞿鴻禨爲健之親家題」。此本凡八十二開，第十開至第六十三開右半爲殘拓，共占五十三開半。殘拓每半開皆有朱筆數字即拓本葉號，始「一」終「百七」，「百」亦寫作「一」或近於點形。此外，卷首上部鈐「東宫書府」朱文正方印，印面内框高寬均爲5.1釐米[二]。

（4）《春秋經傳集解・昭公》拓本一册，殘拓起自《左傳》卷二十昭公二年傳文「子也」，終於「而又何請焉」之「而」字。拓本配有藍布書衣，書衣上無文字信息。木質面板上有題簽作「宋拓蜀石經春秋左氏傳弟二十卷　陳寶琛爲健之老弟題」。此本凡七十開，第三十五開至第三十七開爲殘拓，共占三開。殘拓有兩種朱筆葉號，居下部者始「七二」終「七七」，字跡與其他拓本中葉號相似，當爲原始編號；居上部者始「一」終「六」，字跡明顯有别，當爲獲此三開殘拓者所添。此外，帖芯内部非左右、中間邊緣處間有剪裱拼接痕跡；第二十三開處夾有三紙活葉；第六十六開姚永樸題詩後裝有「金粟山藏經紙」三開，其中尚有抄經時墨筆滲透留下的痕跡，因紙背朝上，故呈「反印」狀態。今能辨出文字若干，似《妙法蓮華經》之文。

（5）《春秋公羊經傳解詁・桓公》拓本一册，殘拓起自《公羊》卷二桓公六年傳文「來也」，終於十五年經文「公會齊」。拓本配有藍布書衣，書衣上無文字信息。木質面板上有題簽作「宋拓蜀石經春秋公羊傳弟二卷　何維樸爲健之題」，並鈐「維樸印」白文正方印。此本凡六十七開，第十七開至第三十五開爲殘拓，共占十九開。殘拓每半開有朱筆數字即拓本葉號，始「百廿四」終「百六十」，

[一] 原拓葉七五後闕一開，故無標作「七六」「七七」之葉。

[二] 因鈐蓋狀態不同，印面外框高寬或有變化，内框高寬則較爲穩定，故測量内框數值。

「百」亦寫作「一」。末開左半殘損，原拓葉號當爲「百六十一」，然今已不可見。此外，帖芯内部非左右、中間邊緣處間有剪裱拼接痕跡，可爲推斷原石形制提供依據。此本書根處亦有墨跡，作「宋拓蜀石經殘本下」（圖三）[一]。

（6）《春秋穀梁傳・文公》《成公》《襄公》拓本一册，包括《穀梁》卷六文公元年半開，起自文公卷首，終於元年經文「來會葬」；卷八成公元年至二年三開半，起自成公卷首，終於二年傳文「舉其」；襄公二十六年至二十七年兩開，起自二十六年經文「公會」，終於二十七年注文「惡也」。此册無書衣，木質面板上有題簽作「宋拓蜀石經春秋穀梁傳弟八弟九卷　陳寳琛爲健之老弟題」，並鈐「弢盦」朱文正方印。此本凡三十二開，第五開右半、第七開至第十開右半、第十一開至第十二開爲殘拓，共占六開。三種《穀梁》殘拓有朱筆數字即拓本葉號，文公殘拓標朱筆葉號「一」；成公殘拓朱筆葉號始「一」終「七」；襄公二十六年至二十七年殘拓朱筆葉號始「百廿四」終「百廿六」，「百」亦寫作「一」，末開左半殘損，原拓葉號當爲「百廿七」，然今已不可見。此外，文公、成公卷首上部皆鈐「東宮書府」朱文正方印，印面内框高寬均爲5.1釐米；帖芯内部非左右、中間邊緣處亦有剪裱拼接痕跡；拓本首尾第一、二、三十一、三十二開裝有「藏經箋」，其中亦有墨筆滲透留下的痕跡。

圖三　《公羊・桓公》拓本書根墨跡

（7）《春秋穀梁傳・襄公》拓本一册，殘拓起自《穀梁》卷九襄公十八年經文「晉侯」，終於十九年經文「侵齊，至」。拓本配有藍布書衣，上繡「宋拓蜀石經穀梁弟九」及「石經厂」朱文正方印。木質面板上有題簽作「宋拓蜀石經春秋穀梁傳弟九卷　瞿鴻禨爲健之親家題」。此本凡八十八開，第十六開至第十七開爲殘拓，共占兩開。殘拓每半開皆有朱筆數字即拓本葉號，始「百二」終「百五」，「百」亦寫作「一」。第十八開右半附「廿四」二字墨拓殘片。

另外，此批劉體乾舊藏拓本中還有劉氏搜集之陳宗彝刻本《蜀石經殘字》一册，自作之《蜀石經題跋姓氏録》一册。前者配有藍布書衣，書衣上無文字信息，木質面板上有題簽作「陳氏木刻蜀石經　戊午（1918）十二月爲健之老同年題　弟章梫」。此本凡五十七開，蓋劉體乾欲與其他殘拓相配，將道光時陳宗彝據摹寫本刊刻之蜀石經《毛詩》《春秋經傳集解・昭公》拆開改裝[二]。第二開左半書簽作「石經殘本　鈕樹玉題」，「石」上或殘去「蜀」字，存世陳刻本中多不見此簽。後者無書衣，木質面板上有題簽作「蜀石經題跋姓氏録」，據字跡判斷應爲劉健之自署。此本凡二十四開，包括「蜀石經題跋各家姓氏録」「蜀石經觀款各家姓氏録」「蜀石經題簽署首各家姓氏録」「蜀石經齋圖書家姓氏録」，題跋姓氏録又分「乾隆五十二年（1787）至宣統二年（1910）」「宣統辛亥年（1911）起」兩段著録。綜上，國家圖書館所藏劉體乾舊藏蜀石經拓本七册，另附《陳氏木刻蜀石經》一册、《蜀石經題跋姓氏録》一册，拓本及附册形態皆劉氏收藏時形成。今實測各本面板、帖芯高寬之數[三]，列表一如下。

[一] 圖一至圖三爲2023年9月於國家圖書館閲覽原拓時拍攝。圖二在原圖基礎上有所加工，紅框僅作示意，並非精準分層。

[二] 陳宗彝於《毛詩》殘字後云「兹從陽城張古餘夫子假得《毛詩》殘字一册，迺吴門黄氏抄本」，於《左傳・昭公》殘字後又云「兹從車秋舲處得《左傳》殘字」。言《昭公》殘字得自車持謙，與其父陳繼昌道光六年《重刊蜀石經殘本叙》所謂「並從善化唐陶山先生訪得家樹華所藏《左傳》殘字附刊於後」稍異。今以陳刻本與原拓對勘，有異文若干，陳氏所據恐非原拓，蓋得自車氏之摹寫本。

[三] 本次測量使用軟尺，帖芯一般取殘拓起始之半開測量，若第一個半開已損，則取第二個半開測量。

表一　國家圖書館藏蜀石經拓本及附册高寬表

序號	拓本及附册名稱	面板高寬	帖芯高寬
1	《周禮・秋官》	34.1 cm,15.1 cm	29.6 cm,13.6 cm
2	《周禮・考工記》	35.5 cm,17.8 cm	30.2 cm,15.3 cm
3	《左傳・襄公》	34.1 cm,15.3 cm	29.8 cm,14.4 cm
4	《左傳・昭公》	33.4 cm,20.1 cm	29.5 cm,16.6 cm
5	《公羊・桓公》	35.6 cm,17.8 cm	30.2 cm,14.2 cm
6	《穀梁・文公》《成公》《襄公》	35.3 cm,18.6 cm	《文》29.4 cm,13.6 cm 《成》29.9 cm,14.1 cm 《襄》29.9 cm,14.1 cm
7	《穀梁・襄公》	34.1 cm,15.4 cm	30.1 cm,13.2 cm
8	《陳氏木刻蜀石經》	33.5 cm,19.9 cm	
9	《蜀石經題跋姓氏録》	34.1 cm,15.4 cm	

2. 拓本遞藏

(1)《周禮・秋官》殘拓、《左傳・襄公》殘拓、《穀梁》襄公十八年至十九年殘拓,經楊繼振、張度、李希聖、陶森甲/劉毅、劉體乾等人遞藏。

楊繼振《蜀石經春秋經注攷異》稿本原封大字題「蜀石經左氏傳校勘記」,又小字云「『穀梁卷九傳注攷异』附後,此記易名『蜀石經春秋經注攷异』,因阮氏有校勘記,故易此」,並題「庚申(1860)八月十九日起,九月四日訖,石經厂隨筆」。内頁題「續又得《周禮》殘傳二卷,《穀梁》殘傳一册,改顔巖居曰『庁政三石經厂』」[二]。可見楊繼振先得《左傳・襄公》殘拓,後得《周禮・秋官》《穀梁・襄公》殘拓。

又據《左傳・襄公》拓本所附張錫庚、張德容、沈兆霖、朱學勤、葉名澧等人題跋、題詠,可知咸豐七年(1857)左右此殘拓曾爲京師式古堂書坊主人收藏。咸豐庚申冬月張恩澍《蜀石經春秋經注攷異》題記云「又雲先生癖嗜金石文字,知此册在某賈處,竭力購之,居奇不輕售。海氛弗靖,畿垣告警,賈利腰纏,於是斯册乃歸星鳳堂中」[三],則咸豐十年(1860)楊繼振得《左傳・襄公》殘拓於京師某賈,或即式古堂主人。另,此本第二開右半上部鈐有「鄭親王章」朱文正方印,吴檢齋云「此册清咸豐六、七年間,爲鄭親王□□所藏,後歸大興鄭世允」[三]。何紹基於咸豐七年秋見此册,稱爲鄭世允藏本[四],這一時間與式古堂收藏時間重合,據目前所知尚難確定鄭世允與式古堂主人是何種關係。故此本歸楊繼振之前,或經鄭親王端華、鄭世允/式古堂主人收藏。

宣統三年(1911)四月,吴慶坻作《蜀石經春秋左傳卷十五宋拓殘本舊藏吴興張叔憲所今歸劉健之觀察體乾携來長沙爲題二絶》云「抱蜀堂中長物三,廿年塵夢憶宣南。期君莫靳官泉布,劒合延津侈美談」,並自注言「吴興張叔憲藏蜀石經《春秋左傳》及《穀梁傳》《周禮》凡三册,壬辰(1892)在嬾眠胡同抱蜀堂中展讀竟日」[五]。癸亥(1923)七月,吴慶坻之子吴士鑑又爲劉體乾題詩云「抱蜀無言謹護儲,幾同三篋得亡書。湘中二妙皆躭古,手褎縑囊刼火餘」,並自注言「張辟非藏蜀石經《周禮》《左傳》《穀梁》爲楊幼雲石筝館物,辟非自號抱蜀老人。……庚子(1900)之亂老人所藏流入廠肆,爲李亦元、陳詒重二君所得,旋均歸入君齋」[六]。可知楊繼振舊藏蜀石經三種,曾歸張度抱蜀堂,又經李希聖等人之手,終歸劉體

[一] 詳見(清)楊繼振《蜀石經春秋經注攷異》,復旦大學圖書館藏稿本(索書號:3091)。按,「庁」當「廣」字。
[二] 據復旦大學圖書館藏楊繼振《蜀石經春秋經注攷異》稿本録文。
[三] 吴檢齋《蜀石經考異叙録》,《努力學報》1929年創刊號,第5頁。
[四] 詳見蜀石經《左傳・襄公》拓本第三開,《左傳・昭公》拓本第三十六開。並參(清)何紹基《東洲草堂詩鈔》卷一九《題鄭氏世允藏蜀石經左傳殘本》,《續修四庫全書》第1529册,第6頁。
[五] 詳見蜀石經《左傳・襄公》拓本第七十六開。此題據(清)吴慶坻《補松廬詩録》,《清代詩文集彙編》第770册,第306頁。
[六] 詳見蜀石經《左傳・昭公》拓本第十八開。

乾。此外，《穀梁・襄公》拓本中又存有瞿鴻禨電報與題記、劉體乾題記〔一〕，故大體可知劉氏收購李希聖舊藏始末，其中《左傳・襄公》殘拓劉體乾於1910年得自陶森甲，1911年《周禮・秋官》《穀梁・襄公》殘拓亦由陳毅歸劉氏。

（2）《周禮・考工記》殘拓、《公羊・桓公》殘拓，經陳慶鏞、吴履敬吴式訓昆仲、劉體乾等人遞藏。

潘祖蔭題跋憶及咸豐二年（1852）八月，曾於陳慶鏞齋中「見《周禮》《公羊》殘本」〔二〕。同年冬，馮志沂題記云「吴甥敬之兄弟携此蜀石經殘刻相眎，一爲《春秋公羊傳》，一爲《周禮・冬官・攷工記》」〔三〕。《周禮・考工記》《公羊》拓本中又各有陳慶鏞題記〔四〕，均作於咸豐二年十二月。咸豐四年鄭復光題記云「咸豐四年秋閏月初七日，吴氏昆中出宋拓《□□》《周禮》石經蜀本見示」〔五〕，咸豐七年九月何紹基亦爲吴氏昆仲作《吴子肅子迪兄弟屬題宋拓蜀石經周禮經注共六千五百餘字爲册廿二葉公羊傳並注共五千一百餘字爲册十九葉周禮孟氏刻公羊傳宋補刻也賢昆玉攷訂同異甚核爲作詩得四十韻》〔六〕，則《周禮・考工記》殘拓、《公羊・桓公》殘拓咸豐間藏於陳慶鏞、吴氏昆仲處。前述此二册拓本書根處均有墨跡，《考工記》墨跡筆畫雖錯開，但仍可判定與《公羊》墨跡體例、筆跡一致，當爲一人所書。又據劉體乾題記「壬子（1912）正月又收得《周禮》卷十一、十二，二十二葉；《公羊》卷二，十九葉，即陳頌南舊藏也」〔七〕，可知兩本於1912年歸劉氏。

（3）《左傳・昭公》殘拓經沈剛中、陳樹華、唐仲冕、梁章鉅、楊廷傳、力鈞、劉體乾等人遞藏。

陳樹華《春秋經傳集解考正・論例》云「乾隆三十九年（1774）四月朔，蘆墟沈剛中示余蜀石經《左傳》六紙。……昭二年傳『夫子君子也』下子字起，至『而又何請焉』而字止」〔八〕，翁方綱《跋蜀石經殘本》言「予昔聞芳林得此於蘆墟沈剛中氏，凡六紙，渴思一見而未得遂」〔九〕，則陳樹華得《左傳・昭公》殘拓於沈剛中。

段玉裁《跋黄蕘圃蜀石經毛詩殘本》載「南歸後寓居姑蘇閶門外，於故友陳芳林樹華家見蜀石經《左傳》數百字，錢曉徵少詹事録諸《潛揅堂金石跋尾》，今爲唐陶山刺史物者是也」〔一〇〕，據此可知此本嘉慶間曾歸唐仲冕。梁章鉅《蜀石經左氏傳殘本册》又言「幸歸余篋，因重加裝治」〔一一〕，《左傳・昭公》拓本第四十二開梁氏所題即此詩，唯文字有所出入，落款作「道光辛卯冬季重裝畢題此」，則此本道光十一年（1831）又轉歸梁氏，且經重裝。陳宗彝刻本《左傳・昭公》殘字所據雖非原拓，然「吾聞」後空一行，尚未將下葉第一行提行，反映的可能是重裝前的拓本面貌（圖四）。

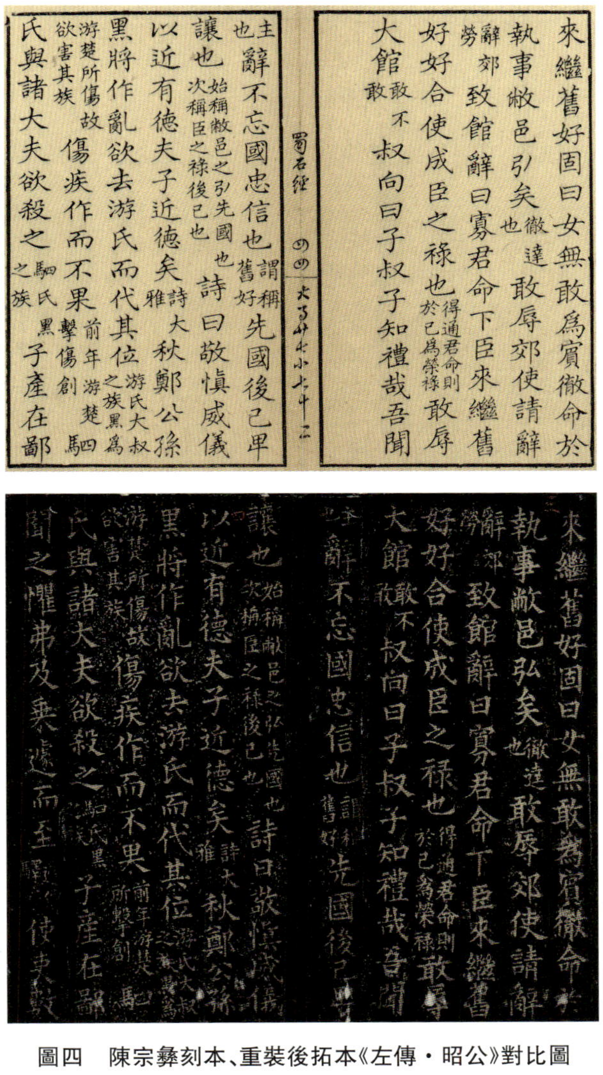

圖四　陳宗彝刻本、重裝後拓本《左傳・昭公》對比圖

〔一〕詳見《穀梁・襄公》拓本第二十二、二十五、二十六、三十、三十一開。
〔二〕詳見蜀石經《左傳・襄公》拓本第七十四開。
〔三〕詳見蜀石經《周禮・考工記》拓本第三十六開。
〔四〕詳見蜀石經《周禮・考工記》拓本第三十七開、《公羊・桓公》拓本第三十八開。
〔五〕詳見蜀石經《公羊・桓公》拓本第三十八開，原件「宋拓」後有蟲蛀痕跡，所闕蓋「公羊」二字。
〔六〕詳見蜀石經《周禮・考工記》拓本第六至第七開，此題據（清）何紹基《東洲草堂詩鈔》卷一九，《續修四庫全書》第1529册，第4頁。
〔七〕詳見蜀石經《穀梁・襄公》拓本第三十一、三十二開。
〔八〕（清）陳樹華《春秋經傳集解考正》，《續修四庫全書》第142册，第7—8頁。
〔九〕（清）翁方綱《復初齋文集》，《續修四庫全書》第1455册，第502頁。
〔一〇〕（清）段玉裁《經韵樓集》，《續修四庫全書》第1434册，第575頁。
〔一一〕（清）梁章鉅《退菴詩存》，《續修四庫全書》第1499册，第614頁。

另劉體乾題記云「陳芳林所藏《左傳》三十五行，戊午（1918）十月陳弢庵太保爲之作緣歸余」[一]，則此本歸劉乃1918年陳寶琛作緣。據1919年弢庵題記「此册爲楊甘州廷傳所藏，文襄留觀累月，撫晉行前一夕始題而還之。比余再至都，則已歸力農部鈞。吾友劉健之觀察既有《周禮》、三《傳》諸册，都四萬六千四百餘字，聞予言亟力致，自是孟蜀殘刻幾盡爲君有矣」[二]，可知此本歸劉之前又經楊廷傳、力鈞收藏。

（4）《穀梁》文公元年、成公元年至二年、襄公二十六年至二十七年殘拓，經彦德、羅振玉、劉體乾等人遞藏。

1925年劉體乾題記載「右宋皇祐田況補刻《春秋穀梁傳》弟八弟九卷，存經注九百四十二字，本内閣大庫物，後歸滿洲彦惪君。余習聞之，今年託朱君幼平以重價買得」[三]。1926年羅振玉《蜀石經春秋穀梁傳文公第六殘葉跋》又云「予此本得之大庫殘籍中。先是滿洲某君亦得《穀梁》殘卷數十行于内閣大庫，健之先生既已重金購致，擬寫影以傳之，移書乞此五行，因題後以歸之」[四]。故可知民國間内閣大庫所出蜀石經《穀梁·成公》《襄公》殘拓曾藏彦德處，《文公》殘拓曾藏羅振玉處，分别於1925年、1926年歸劉。

綜上，劉體乾搜集蜀石經，以1910年由陶森甲得《左傳·襄公》殘拓，1911年由陳毅得《周禮·秋官》、《穀梁》襄公十八年至十九年殘拓爲起始。此三册皆爲楊繼振舊藏，劉氏先得《左傳》《周禮》，而《穀梁》因故一時未得，瞿鴻禨爲之調停，終亦歸劉。此三册面板均由瞿氏題簽，蓋緣此之故。三種拓本高寬基本一致，《蜀石經題跋姓氏録》尺寸仿之，詳見表一中以白色底紋標識者。1912年劉體乾得《周禮·考工記》《公羊·桓公》殘拓，此二册爲陳慶鏞、吴氏昆仲舊藏，何紹基曾爲吴氏題識，故劉體乾又請何維樸於面板題簽。二者高寬基本一致，詳見表一中以藍色底紋標識者。1918年由力鈞得《左傳·昭公》殘拓，乃陳寶琛作緣，故此册面板爲弢庵題簽。《陳氏木刻蜀石經》尺寸仿該本，或因陳宗彝刻本中亦有《左傳·昭公》，詳見表一中以橙色底紋標識者。最後，1925年劉體乾由彦德收《穀梁》成公元年至二年、襄公二十六年至二十七年殘拓，1926年由羅振玉得《穀梁》文公元年殘拓。三者裝爲一册，又請陳寶琛題簽，而尺寸與他本皆異，詳見表一中以紅色底紋標識者。

3. 拓本來源及年代

由上文拓本描述可知，目前分藏上海圖書館、國家圖書館的蜀石經《毛詩》、《周禮》、《春秋》三傳拓本均有朱書葉號，有些葉號如「百」字的書寫特徵相似，諸本當同源。且《左傳》襄二第十五卷首、《穀梁》文公第六卷首、《穀梁》成公第八卷首上部均鈐有「東宮書府」篆文印，故知國圖所藏《左傳》《穀梁》拓本確曾共藏一處。另外，丁敬《雪中集南華堂趙谷林兄弟出觀蜀廣政石經毛詩殘本宋廖瑩中世綵堂刻韓集作》詩中有「中間古印辨不真」一句[五]，今檢《毛詩》拓本並無「辨不真」之「古印」。而「東宮書府」印篆體特殊，習稱「九疊文」，字形辨識確實存在一定難度，正符合丁詩的描述。據此推測，丁敬所見「古印」當鈐蓋於《周南》卷首，此部分後又佚失，故今不可見。若果真如此，則亦可佐證現分藏南北的《毛詩》《左傳》《穀梁》殘拓來源一致。

進一步考察「東宮書府」，當爲明懿文太子藏印。趙萬里先生爲宋刻本《國語解》《春秋經傳》撰寫説明時曾指出，鈐有此印之兩書「當是元時官書，明太祖滅元

[一] 詳見蜀石經《穀梁·襄公》拓本第三十二開。
[二] 詳見蜀石經《左傳·昭公》拓本第四十六開。
[三] 詳見《穀梁·文公》《成公》《襄公》拓本第十三開。
[四] 羅振玉此文在《穀梁》文公元年殘拓五行後，今據羅氏《後丁戊稿》録題。詳見羅振玉著，羅繼祖、王同策編《羅振玉學術論著集》第十集，上海古籍出版社，2010年，第677頁。
[五]（清）丁敬《硯林詩集》，《清代詩文集彙編》第276册，第290頁。亦可參李福過録之丁詩，詳見蜀石經《毛詩》拓本第四十六開。

得之，以貽懿文太子者」[一]。此説既點明「東宫書府」印之所屬，又推測了鈐有此印之書的淵源，據此或可將現存蜀石經殘拓的來源上推至元内府[二]。至於明正統《文淵閣書目》及萬曆、崇禎兩部《内閣藏書目録》中著録之蜀石經拓本，當即懿文太子所藏者。大約在明萬曆間，一綫單傳之蜀石經拓本開始由内府散出[三]，入清之後殘拓流轉情況已見上文。

目前上海圖書館以蜀石經《毛詩》爲宋拓本，國家圖書館則以所藏爲宋、元拓本之合璧[四]。結合上文對蜀石經原石毁佚時間的推測，國圖藏本或可進一步明確爲宋拓本。

（三）近代成都出土殘石及其拓片

1938年因日軍空襲，成都拆除城垣以便市民疏散，陸續於老南門發現蜀石經殘石若干。相關情況，江鶴笙、江友樵、羅希成、陳達高、王利器、馬衡、周萼生等人有説。周氏云1938年於成都南門外發現殘石約十片左右，江鶴笙得其半數以上[五]。據鶴笙子友樵所述，其父曾獲藏九塊，以「孟蜀石經樓」顏其居[六]。江鶴笙又云當日所得《毛詩》不止一石，有一石因故失去，爲黄希成所得，後歸前川西文教廳，今屬四川省博物館[七]。此石當即羅希成捐獻、現藏四川博物院之《毛詩·周頌》《魯頌》殘石。而羅氏言該石爲舊僕劉某得於黔中，1939年春獲贈[八]。可見江、羅二説不能密合，至少此石的流傳過程尚存闕環[九]。然陳達高言《尚書·説命》《君奭》殘石「出土於成都之南門，知者無人，函川大竞不覆，輾轉歸余」[一〇]，則成都老南門作爲蜀石經出土地，當無問題[一一]。

此批殘石及其拓片見於著録者有：《周易》殘石兩塊拓片四葉，一石一面刻《履》，一面刻《泰》《否》（圖五），一石兩面均刻《中孚》（圖六），原石皆爲江鶴笙舊藏現藏四川博物院；《尚書》殘石兩塊拓片三葉，一石單面刻《禹貢》（圖七），一石一面刻《説命》，一面刻《君奭》（圖八），前者爲江鶴笙舊藏，後者爲陳達高舊藏，現均藏四川博物院；《毛詩》殘石兩塊拓片四葉，一石一面刻《鄭風》之《叔于田》《大叔于田》，一面刻《曹風》之《鳲鳩》《下泉》，一石一面刻《周頌》之《桓》《賚》，一面刻《魯頌》之《駉》（圖九），前者爲江鶴笙舊藏現藏地不明[一二]，後者爲羅希成舊藏現藏四川博物院；《儀禮》殘石一塊拓片兩葉，兩面均刻《特牲饋食禮》（圖十），原石

[一] 詳見北京圖書館編《中國版刻圖録》第1册，北京：文物出版社，1960年，第13、16頁。趙萬里先生於「東宫書府」印雖早有清晰認識，然王國維先生宋印説影響甚大，至今仍有沿襲王氏誤説者。此問題可參張學謙《蜀石經拓本所鈐「東宫書府」印非宋内府印辨》，《圖書館雜誌》2014年第9期，第109—112頁；王天然《蜀石經拓本所鈐「東宫書府」印補説》，《版本目録學研究》第7輯，北京大學出版社，2016年，第445—450頁。

[二] 現存蜀石經拓本甚至可能來自更早的内府收藏，但不能以「東宫書府」印爲證據。

[三] 詳見王天然《蜀石經著録疏證（上）》，第86頁。

[四] 詳見上海圖書館編著《上海圖書館善本碑帖綜録》卷二，上海書畫出版社，2017年，第954頁；中國國家圖書館編著《中國國家圖書館善本碑帖綜録》卷上，上海書畫出版社，2020年，第355頁。

[五] 詳見周萼生《近代出土的蜀石經殘石》，《文物》1963年第7期，第46頁。

[六] 詳見江友樵《口述自傳》，《中華書畫家》2016年第8期，第48頁。

[七] 周萼生引江鶴笙説如此，李志嘉、樊一云黄希成即羅希成。詳見周萼生《近代出土的蜀石經殘石》，第46頁；李志嘉、樊一《蜀石經述略》，《文獻》1989年第2期，第217頁。

[八] 詳見重慶中國三峽博物館所藏《毛詩·周頌》《魯頌》殘拓之羅希成題識。

[九] 李志嘉、樊一認爲若羅氏所述可信則可證劉燕庭所記不虛，若江氏所述可信則此石不出黔中，乃抗戰初出成都老南門城垣。按，羅説似有附會劉燕庭所記「任令貴州人，罷官後原石輦歸黔中矣」之嫌。另，騁陸文猜測此石爲貴陽二四轟炸後所發現，並無更多證據，恐非事實。詳見李志嘉、樊一《蜀石經述略》，第218頁；（清）錢大昕《竹汀先生日記鈔》卷二，劉喜海批注，國家圖書館藏何元錫夢華館刻本（善本書號：02520），第7B頁；騁陸《黔中拾得之一：蜀石經殘石》，《西南公路》1943年第254期，第1255頁。

[一〇] 詳見重慶中國三峽博物館所藏《尚書·説命》《君奭》殘拓之陳達高題識。

[一一] 但此處可能並非蜀石經原石湮没的唯一地點。

[一二] 然尹建華、曾如實《四川五代石刻考察記》著録該石云「高32、寬23、厚7釐米。此石一面刻《鄭風》；一面刻《曹風》。今存重慶市博物館」。詳見成都王建墓博物館編《前後蜀的歷史與文化——前後蜀歷史與文化學術討論會論文集》，成都：巴蜀書社，1994年，第150頁。另成都永陵博物館陳列中有此石複製品，展品説明亦云「原件藏重慶中國三峽博物館」。兩條綫索指向一致，原石可能並未佚失。

爲陳儉十舊藏，後歸重慶市博物館，現藏中國國家博物館〔一〕。綜上，見於著録之蜀石經殘石共計四經七石，得拓片十三葉〔二〕。

圖五　《周易・泰》《否》殘石

圖六　《周易・中孚》殘石

圖七　《尚書・禹貢》殘石

圖八　《尚書・君奭》殘石

圖九　《毛詩・魯頌・駉》殘石

圖十　《儀禮・特牲饋食禮》殘石

三　蜀石經之形制與性質

（一）原石形制

因原石毁佚，傳世殘拓已經割裱，近代所出殘石則過於零碎，故長期以來學界對蜀石經原石形制缺乏清晰認知，確爲蜀石經研究中的疑難問題。本人此前曾選取拓本、殘石均有存世的《毛詩》爲入口，據當時匆匆一觀之上圖《毛詩》拓本葉七四、八七、九三所存原石編號，結合其他已知形制信息，初步復原了《毛詩》原石行數與布局方式；認爲蜀石經《毛詩》原石一面約容 37 行，單排布局，雙面書刻。又以國博藏《儀禮・特牲饋食禮》殘石加以檢驗，亦推擬出《儀禮》此石一面約容 36 行、一面約容 37 行的結果，與《毛詩》原石行數基本一致〔三〕。

今日再觀上圖《毛詩》拓本高清圖版，於原石編號續有發現，已在上文列出。此外帖芯内部非左右、中間邊緣之剪裱拼接痕跡，也爲推斷原石形制提供了重要依據。如據《毛詩》殘拓 184 行與 185 行、221 行與 222 行之間所存拼接痕跡推測，185 行至 221 行所在原石有 37 行；據 221 行與 222 行、295 行與 296 行之間拼接痕跡推測，222 行至 295 行共 74 行，或兩石之内容，222 行至 258 行爲一石，259 行至 295 行爲一石，258 行與 259 行之間正處於拓本一開中央；據 295 行與 296 行、332 行與 333 行之間拼接痕跡推測，296 行至 332 行所在原石有 37 行；

〔一〕圖五至圖九爲 2019 年 1 月參觀四川博物院時拍攝，圖十爲 2022 年 9 月參觀中國國家博物館時拍攝。

〔二〕近年又見未經著録之蜀石經殘石拓片三件，分别爲《進御删定禮記月令表》殘拓、《御删定禮記月令》殘拓、《春秋經傳集解・哀公》殘拓，現藏成都澹軒先生處，期待日後還有新的發現。詳見王天然《三件未著録蜀石經殘拓考略》，《出土文獻研究》第 21 輯，上海：中西書局，2022 年。

〔三〕詳見王天然《蜀石經形制謭識》，第 113—128 頁。

據332行與333行、370行與371行之間拼接痕跡推測，333行至370行所在原石似有38行，然該石跨卷，卷一止於葉五八第四行，第五、六兩行爲空白，由拓本第五行狀態可知原石此行爲空白，而第六行已不屬原拓，蓋卷一、二之間有一行空白，製作拓本時將卷二另起一葉裝裱，若果然如此，則該石可能仍是37行；據370行與371行、407行與408行之間拼接痕跡推測，371行至407行所在原石有37行；據444行處於第十二石末尾、481行與482行之間拼接痕跡推測，445行至481行所在原石有37行；據481行與482行、518行與519行之間拼接痕跡推測，482行至518行所在原石有37行；據518行與519行、555行與556行之間拼接痕跡推測，519行至555行所在原石有37行；據555行與556行、592行與593行之間拼接痕跡推測，556行至592行所在原石有37行；據592行與593行、629行與630行之間拼接痕跡推測，593行至629行所在原石有37行。故再次驗證了舊作中《毛詩》原石行數的結論，另結合葉百五所存原石編號「十八」，可知《毛詩》卷一、卷二即《周南》《召南》《邶風》用石18面。

今又首次得見國圖所藏原拓，也收獲了以往從劉體乾影印本中不易觀察到的信息。如《周禮》拓本中亦有帖芯内部非左右、中間邊緣之剪裱拼接痕跡。據《秋官》殘拓61行與62行、98行與99行之間拼接痕跡推測，62行至98行所在原石有37行；據98行與99行、135行與136行之間拼接痕跡推測，99行至135行所在原石有37行；據135行與136行、172行與173行之間拼接痕跡推測，136行至172行所在原石有37行；據172行與173行、209行與210行之間拼接痕跡推測，173行至209行所在原石有37行；據209行與210行、283行與284行之間拼接痕跡推測，210行至283行共74行，或兩石之内容，210行至246行爲一石，247行至283行爲一石，246行與247行之間正處於拓本一開中央；據283行與284行、320行與321行之間拼接痕跡推測，284行至320行所在原石有37行；據320行與321行、357行與358行之間拼接痕跡推測，321行至357行所在原石有37行；據357行與358行、395行與396行之間拼接痕跡推測，358行至395行所在原石有38行；據395行與396行、469行與470行之間拼接痕跡推測，396行至469行共74行，或兩石之内容，396行至432行爲一石，433行至469行爲一石，432行與433行之間正處於拓本葉間；據469行與470行、505行與506行之間拼接痕跡推測，470行至505行所在原石似有36行，然該石跨卷，蓋卷九、十之間有一行空白，製作拓本時剪去空行，故501行與502行之間亦有拼接痕跡，若果然如此，則該石可能仍爲37行；據505行與506行、542行與543行之間拼接痕跡推測，506行至542行所在原石有37行；據542行與543行、579行與580行之間拼接痕跡推測，543行至579行所在原石有37行；據579行與580行、616行與617行之間拼接痕跡推測，580行至616行所在原石有37行；據616行與617行、653行與654行之間拼接痕跡推測，617行至653行所在原石有37行；據653行與654行、727行與728行之間拼接痕跡推測，654行至727行共74行，或兩石之内容，654行至690行爲一石，691行至727行爲一石，690行與691行之間正處於拓本一開中央；據727行與728行、764行與765行之間拼接痕跡推測，728行至764行所在原石有37行；據764行與765行、801行與802行之間拼接痕跡推測，765行至801行所在原石有37行；據801行與802行、838行與839行之間拼接痕跡推測，802行至838行所在原石有37行；據838行與839行、875行與876行之間拼接痕跡推測，839行至875行所在原石有37行；據875行與876行、949行與950行之間拼接痕跡推測，876行至949行共74行，或兩石之内容，876行至912行爲一石，913行至949行爲一石，912行與913行之間正處於拓本葉間。

據《考工記》殘拓487行與488行、524行與525行之間拼接痕跡推測，488行至524行所在原石有37行；據524行與525行、561行與562行之間拼接痕跡推測，525行至561行所在原石有37行；據561行與562行、598行與599行之間拼接痕跡推測，562行至598行所在原石有37行；據598行與599行、635行與636行之間拼接痕跡推測，599行至635行所在原石有37行；據635行與636

行、709 行與 710 行之間拼接痕跡推測，636 行至 709 行共 74 行，或兩石之内容，636 行至 672 行爲一石，673 行至 709 行爲一石，672 行與 673 行之間正處於拓本一開中央。由此可見，《周禮》原石行數也與《毛詩》基本一致。

而《左傳》殘拓中罕見此類剪裱拼接痕跡〔一〕，故《左傳》原石行數當爲 6 之倍數，或即 36 行，與《毛詩》《儀禮》《周禮》諸經稍異。

又如據《公羊》殘拓 659 行與 660 行、691 行與 692 行之間拼接痕跡推測，660 行至 691 行所在原石蓋 32 行。692 行大字「桓公」右側尚存刻字「十匚」，蓋「廿四」殘形，當爲原石編號。若以 23 面容納 691 行估算，《公羊》每面或在 30 行左右，行數可能並不整齊劃一。另據 691 行與 692 行、724 行與 725 行之間拼接痕跡推測，692 行至 724 行所在原石蓋 33 行；據 724 行與 725 行、759 行與 760 行之間拼接痕跡推測，725 行至 759 行所在原石蓋 35 行；據 759 行與 760 行、793 行與 794 行之間拼接痕跡推測，760 行至 793 行所在原石蓋 34 行。益可見《公羊》原石行數並不穩定，故有理由懷疑北宋續刻之《公羊》形制與《毛詩》《儀禮》《周禮》《左傳》諸經存在較大差異，而這種差異的形成或由石料情況所決定。

綜上，據目前所知蜀石經《毛詩》《儀禮》《周禮》形制基本一致，原石一面約容三十七行；《左傳》稍異，原石一面可能約容三十六行；《公羊》原石行數可能並不穩定，與廣政間鎸石者存在較大差異。

（二）文本性質

關於文本性質，此前曾分孟蜀石經、宋蜀石經兩類做過初步探索，認爲孟蜀石經大字部分以唐開成石經爲底本而有微異，小字部分除《左傳》外當源自唐五代寫本，《左傳》則很可能利用了五代國子監刊本；宋蜀石經《公羊》所用底本爲蜀刻的可能性較大，《穀梁》底本亦屬監本系統，《孟子》或據北宋監本刻石，似非蜀大字本〔二〕。近年因陸續完成了現存蜀石經的校理及字形表的編製，對此問題有了進一步認識。舊作的討論主要著眼於文本異同，今在此之外更增强了對蜀石經用字特徵的考察。

首先，通過全面校理蜀石經遺文，充分掌握經、注文本的異同情況，得到以下結果〔三〕。《周易》殘石所存經文與唐石經皆同，注文中保留了來源較早的文本。《尚書》殘石所存經文與唐石經皆同，有些經文與敦煌寫本形成對比，注文則有近於敦煌寫本而與後世刻本不同者。《儀禮》殘石所存經文與唐石經皆同，注文與後世刻本相較，存在較爲獨特的異文。《禮記》殘拓所存大字與唐石經皆同，注文與敦煌寫本存在異文。《毛詩》殘拓、殘石經文大多與唐石經一致，雖有不盡相同者，但與敦煌寫本、日本大念佛寺所藏日寫本經文和唐石經之差異相比，異文十分有限；注文與後世刻本相較，則存在大量異文。《周禮》殘拓經文大多與唐石經一致，雖有異文但十分有限；注文與後世刻本相較，則存在大量異文。《左傳》殘拓經文大多與唐石經一致，雖有不盡相同者，但與敦煌寫本、日本宫内廳書陵部所藏日寫本經文和唐石經之差異相比，異文十分有限；注文與敦煌寫本、日寫本相較存在大量異文，而與南宋撫州公使庫本、越州八行本等爲代表的監本系統更爲接近。《公羊》殘拓一方面與撫州本較爲接近，另一方面又有特異之處。而《穀梁》殘拓遺文甚少，異文也有限。

其次，通過編製字形表，考察蜀石經經、注的用字特徵，得到以下結果。孟蜀石經《周易》《毛詩》《尚書》《儀禮》《周禮》《左傳》之經文用字皆有遵循唐石經的現象。注文方面以《五經文字》《新加九經字樣》爲規範用字參照，則《周易》《毛詩》

〔一〕《左傳・昭公》殘拓中帖芯内部非左右，中間邊緣之剪裱拼接痕跡，當是晚近之人重裝殘拓時所爲，與初製拓本時形成的拼接痕跡不同，不具有推測原石形制的意義。

〔二〕詳見王天然《孟蜀石經性質初理》，《中國典籍與文化》2015 年第 2 期，第 65—70 頁；《宋蜀石經性質蠡測》，《中國典籍與文化》2018 年第 2 期，第 4—13 頁。

〔三〕這裏僅描述校理工作的整體結果，具體異同實例詳見已發表於《中國典籍與文化論叢》第 18、19、22、23、26、27 輯的相關文章。

《尚書》《周禮》《左傳》注文用字皆有不規範現象。然以存字較多的《毛詩》《周禮》《左傳》三經相較，前二者不規範用字甚多，《左傳》則爲個別現象。宋蜀石經《公羊》《穀梁》經、注用字有與孟蜀石經明顯不同者，透露出鮮明的時代差異。《公羊》經、注中均有一字多形現象，注文中還偶見不規範用字。

由以上兩方面考察所見，關於宋蜀石經《公羊》《穀梁》的性質，現仍維持舊作中的看法，不再贅言。對孟蜀石經性質的看法也與舊作基本一致，但認識有所豐富、細化。結合文獻記載，宋人以孟蜀石經依「雍都舊本」「太和舊本」即唐石經書刻〔一〕。乾道六年晁公武組織學官以監本校勘蜀石經十三種，僅得異文三百二科〔二〕。除去宋蜀石經三種，孟蜀石經異文爲二百三十科，監本雖非唐石經，但經文乃唐石經一脈，故孟蜀石經與唐石經的異文之數應與此二百三十科大體相當。而孟蜀石經十種經文超過 51 萬字〔三〕，在經文總數面前，孟蜀石經與唐石經的異文體量是微小的。至於二者存在少量差異，也不難理解。一則經籍刊刻需經校勘〔四〕，其中存在有意的改動；一則刊刻過程中無法避免訛誤的産生。故孟蜀石經與唐石經存在異文，和孟蜀石經以唐石經爲依據並不矛盾。而在文本異同之外，用字特徵也應予以關注。現存孟蜀石經除存字極少的《禮記》殘拓之外，經文用字皆有遵循唐石經的現象，且從存字較多的《毛詩》《周禮》《左傳》觀察，並非偶見而是系統性的用字特徵，即特意選擇的結果。總之，目前殘拓、殘石皆無存世之《孝經》《論語》《爾雅》可先存而不論，至少孟蜀石經其他七種的經文當以唐石經爲主要來源〔五〕，宋人之説尚難推翻〔六〕。

孟蜀石經的注文來源則並不一例。《毛詩》《尚書》《儀禮》《周禮》注文與後世刻本相較，皆存在較爲獨特的異文，且觀察存字較多的《毛詩》《周禮》，二者較之後世刻本存在大量異文。而《左傳》注文與敦煌寫本及文本來源較早的日寫本差異甚多，却與後世刻本尤其是監本系統更爲接近。此外，《周易》殘石注文皆王弼注之部分，其中保留了來源較早的文本，但並非獨立於後世刻本的異文，惜其存字過少，難知全貌。而晁公武《郡齋讀書志》載蜀石經《周易》「《説卦》『乾健也』以下有韓康伯注，《畧例》有唐四門助教邢璹注。此與國子監本不同者也。以蜀中印本挍邢璹注《畧例》，不同者又百餘字」〔七〕，故可知蜀石經《周易》非王弼注部分與後世刻本相較，存在明顯的不同〔八〕。

綜上，孟蜀石經之經文，至少《周易》《毛詩》《尚書》《儀禮》《禮記》《周禮》《左

〔一〕詳見席益《府學石經堂圖籍記》、晁公武《石經考異序》等文。關於宋人所言之「太和舊本」，虞萬里先生近來有十分新穎的解讀，認爲「太和舊本是寫本，而非鄭覃據太和本校勘上石之開成石經本」，此説頗具啓發。請參虞萬里《蜀石經所見〈周禮・考工記〉文本管窺》，《嶺南學報》復刊第 17 輯《經學文獻研究》，上海古籍出版社，2023 年，第 167 頁。然細讀晁公武《石經考異序》，「太和舊本」「大和本」「太和石本」在晁序語境中似無區別，所指皆爲開成石經，今仍以「太和舊本」爲唐石經。

〔二〕詳見晁公武《石經考異序》，然依序中記載各經異文凡二百九十一科，顯然與三百二之數不合。而南宋曾宏父《石經鋪叙》「益郡石經」條也記各經異文之數，《公羊》《穀梁》分别作二十二、二十三，如此則恰合三百二之數，當從曾氏所記。

〔三〕除《爾雅》字數不明外，據曾宏父《石刻鋪叙》所載數據，孟蜀石經九種經文共計 508190 字，再計入《爾雅》，經文將超過 51 萬字。古人所記經文字數雖未必準確，但可以作爲宏觀參考。

〔四〕曾宏父《石刻鋪叙》「益郡石經」條明言《孝經》「右僕射毋昭裔以雍京石本校勘」，《論語》「校、書、鐫姓名皆同《孝經》」。另，玩味「以雍京石本校勘」一句，毋昭裔在校刻《孝經》《論語》時可能以唐石經爲校本，大概在校勘所用經注本之經文後再行書刻，雖未直接以唐石經爲底本，但毋氏此處校勘程序本身即含有依照唐石經之意，亦未破孟蜀石經遵循唐石經之主旨。而徑用經注本爲底本，將唐石經校改於經注本之中，當爲便宜計也。此種情況可能僅存在於廣政七年校刻石經的起始階段，而且大概也只能存在於經文字數較少的幾種經書當中。此法若施用於字數較多的經書，經文異文不但增多，字形異體更難以估量，一一校改反不方便，此時經、注分用底本可能是更爲實用的方法。

〔五〕《禮記》殘拓雖存字有限，然殘拓爲《御删定禮記月令》及李林甫進表之内容，這本身即可説明蜀石經《禮記》以唐石經爲依據。

〔六〕近年姚文昌先生有新説云「宋代以來將唐石經作爲蜀石經底本的認識是錯誤的，蜀石經《毛詩》所據底本是唐代以來的經注合寫本」，詳見姚文昌《蜀石經〈毛詩〉底本辨正》，《文史》2019 年第 1 輯，第 279—288 頁。然在通盤校理、考察用字後重作思量，愈信宋人之有據，故未改易舊作的基本觀點。

〔七〕（宋）晁公武《昭德先生郡齋讀書志》卷一，國家圖書館藏清汪氏藝芸書舍刊二十卷本（善本書號：02835），第 3B—4A 頁。

〔八〕除邢璹注與蜀中刻本存在不少異文外，蜀石經《説卦》「乾健也」以下有注文，更是頗具特色的文本。

傳》七種當以唐石經爲主要來源，其中與唐石經不合者或爲有意改動，或爲一時訛誤，似不能因關注少數異文而忽視占絶大多數的相同文本，進而否定經文依照唐石經的傳統觀點。《周易》《毛詩》《尚書》《儀禮》《周禮》注文存在寫本時代文本參差的特徵，保留了刻本時代來臨前夜的一些獨特注文。《左傳》注文性質則較爲特殊，相對於寫本更接近監本系統。孟蜀石經内部注文性質的這種差異，恰是經籍正在發生寫刻歷史演變的生動體現。

結語

由上文考察原石形制的過程不難發現，一旦獲得觀察原拓或高清圖版的機會，便可能捕捉到原石編號、拼接痕跡等細微信息，這些長期被封存的綫索，成爲破解蜀石經形制這一疑難問題的關鍵。此事足以説明，集中刊布蜀石經高清圖版的重要意義。此外，圍繞蜀石經産生的衍生文獻，也自有其價值。如上文提到的陳宗彝刻本《左傳・昭公》殘字，所據雖非原拓，但可能依然反映了此拓重裝前的較早面貌。而士人雅集與書賈求售兩類活動，均圍繞蜀石經殘拓産生了大量題跋文字。如以《毛詩》殘拓爲中心，乾隆時有杭州小山堂之會。又如《周禮・考工記》《公羊》殘拓曾爲陳慶鏞所得，故咸豐年間題識者多爲京師「顧祠同人」，觀拓構成了慈仁寺顧祠會祭之外的賞鑒活動。再如京師式古堂書坊主人得《左傳・襄公》殘拓，蓋爲出售計，嘗請多人考證題跋。這些活動有意無意間均推動了蜀石經研究，隨之産生的衍生文獻則是考察士人交遊、善本鑒藏的珍貴材料，同樣具有影印刊布的價值。

今幸得虞萬里先生、上海古籍出版社的積極推動，上海圖書館、國家圖書館、重慶中國三峽博物館的鼎力支持，以及郭沖、虞桑玲兩位責任編輯的專業襄助，蜀石經孑遺主體及豐富的衍生文獻首次集於一編，高清刊布。此次影印，上海古籍出版社以保存文獻原貌爲目標，盡力原大、原色呈現蜀石經殘拓的全部信息，爲進一步研究提供了可靠依據。期待《蜀石經集存》的出版，能夠消除文獻難得的阻礙，吸引更多學者參與討論。

二〇二三年九月寫於北京寓所

國家圖書館藏蜀石經《春秋經傳集解》殘拓録文

一、《春秋經傳集解·襄公》

說　明

（一）國家圖書館藏蜀石經《春秋經傳集解·襄公》拓本，爲卷十五襄公十年至十五年經傳及杜注，凡五十三開半。半開經文大字六行行十四至十五字不等，注文小字雙行行約二十一字。

（二）經文、傳文提示處以「○」圈出。拓本中字迹殘損處，尚可辨識者徑録其文；存有殘形但較難辨識者與完全殘去者皆以「□」標識。

（三）殘拓每半開皆有朱筆數字即拓本葉號，今依照朱筆用漢字表示，標記於葉尾。如「今彭城【一】」，意爲拓本第一葉，「今彭城」爲該葉最後三字。又朱筆記「百」作「一」形，或近於點形，今徑録爲「百」。

（四）注釋中「日寫本」指日本宫内廳書陵部藏弘安元年（1278）寫卷，據「宫内廳書陵部收藏漢籍集覽」公布之全文影像；「唐石經」指唐開成石經《春秋經傳集解》，據日本京都大學人文科學研究所藏整拓本全文影像；「撫本」指臺北「故宫博物院」藏南宋淳熙間撫州公使庫刻本，據該本複製件；「靜嘉本」指日本靜嘉堂文庫藏南宋孝宗時刻宋元明遞修本，據「靜嘉堂文庫所藏宋元版」公布之全文影像；「八行本」指國家圖書館藏南宋慶元六年（1200）紹興府刻宋元遞修注疏合刻八行本，據《中華再造善本》影印本；「浙本」指上海圖書館藏南宋浙刻十三行巾箱本，據《中華再造善本》影印本；「興國本」指日本靜嘉堂文庫藏南宋嘉定九年（1216）興國軍學刻本，據「靜嘉堂文庫所藏宋元版」公布之全文影像；「潛府本」指臺北「央圖」藏南宋潛府劉氏家塾刻本，據「古籍與特藏文獻資源」公布之全文影像；「劉本」指日本足利學校遺蹟圖書館藏南宋建安劉叔剛注疏合刻十行本，據日本慶應義塾大學斯道文庫所藏膠片複製件；「岳本」指國家圖書館藏元相臺岳氏荆谿家塾刻本，據《中華再造善本》影印本；「翻種本」指日本宫内廳書陵部藏明嘉靖翻刻南宋淳熙三年（1176）閩山阮仲猷種德堂本，據「宫内廳書陵部收藏漢籍集覽」公布之全文影像。

録　文

春秋經傳集解襄二第十五

杜氏　盡十五年

（經）十年，春，公會晉侯、宋公、衛侯、曹伯、莒子、邾子、滕子、薛伯、杞伯、小邾子、齊世子光會吴于柤[一]。吴子在柤，晉以諸侯往會之，故曰「會吴」。吴不稱子，從所稱也。柤，楚地。

夏，五月甲午，遂滅偪陽。偪陽，妘姓國，今彭城【一】傅陽縣也。因柤會而滅之，故曰遂。

公至自會。無傳。

楚公子貞、鄭公孫輒帥師伐宋。

晉師伐秦。荀罃不書，不親兵也。

秋，莒人伐我東鄙。

公會晉侯、宋公、衛侯、曹伯、莒子、邾子、齊世子光、滕子、薛伯、

[一] 原拓「世」字闕筆，以下相同處不再出注。

杞伯、小邾子伐鄭。齊世子光先至於師，爲盟主所尊，故在滕上。

冬，盜殺鄭公子騑、公子發、公孫輒【二】。非國討，當兩稱名氏。殺者非卿，故稱盜。以盜爲文，故不得言其大夫。

戍鄭虎牢。伐鄭諸侯，各受晉命戍虎牢。不復爲告命，故獨書魯戍而不敘諸侯。

楚公子貞帥師救鄭。

公至自伐鄭。無傳。

傳十年，春，會于柤，會吴子壽夢也。壽夢，吴子乘。

三月癸丑，齊高厚相大子光，以先會諸侯于鍾離，不敬。吴子未至，光從東道與東諸侯會遇，非夲期地【三】，故不書會。高厚，高固子也。癸丑，月二十六日。士莊子曰：「高子相大子以會諸侯，將社稷是衛，而皆不敬，厚與光俱不敬。弃社稷也。其將不免乎！」爲十九年齊殺高厚、二十五年弑其君光傳。

夏，四月戊午，會于柤。經書春，書始行也。戊午，月一日。

晉荀偃、士匄請伐偪陽，而封宋向戌焉。以宋常事晉，而向戌有賢行，故欲封之爲附庸。荀罃曰：「城小而【四】固，勝之不武，弗勝爲笑。」固請。丙寅，圍之，弗克。丙寅，四月九日。孟氏之臣秦堇父輦重如役。堇父，孟獻子家臣。步挽重車以從師。偪陽人啓門，諸侯之士門焉。見門開，故攻之。縣門發，郰人紇抉之，以出門者。門者，諸侯之士在門内者也。紇，郰邑大夫，仲尼父叔梁紇也。郰邑，魯縣東南莝城是也。言紇多力，抉舉縣門，出在内者。狄虒彌建大車之輪，而【五】蒙之以甲以爲櫓。狄虒彌，魯人也。蒙，覆也。櫓，大楯。左執之，右拔戟，以成一隊。百人爲隊。孟獻子曰：「《詩》所謂『有力如虎』者也。」《詩・邶風》也。主人縣布，堇父登之，及堞而絶之。偪陽人縣布，以試外勇者。隊則又縣之，蘇而復上者三，主人辭焉，乃退。主人嘉其勇，故辭謝不復縣布。帶其斷以徇於軍三日。帶其【六】斷布以示勇。諸侯之師久於偪陽，荀偃、士匄請於荀罃曰：「水潦將降，懼不能歸，向夏恐有久雨。從丙寅至庚寅二十五日，故曰久。請班師。」班，還也。知伯怒，知伯，荀罃。投之以机，出於其閒，出偃、匄之閒。曰：「女成二事，而後告余。二事，伐偪陽、封向戌。余恐亂命，以不女違。既成改之爲亂命。女既勤君而興諸侯【七】，牽帥老夫以至于此。既無武守，無武功可執守。而又欲易余罪，曰：『是實班師，不然，克矣。』謂偃、匄將言爾。余羸老也，可重任乎？不任受女此責。七日不克，必爾乎取之！」言當取女以謝不克之罪。五月庚寅，月四日。荀偃、士匄帥卒攻偪陽，親受矢石。躬在矢石閒。甲午，滅之。月八日。書曰「遂滅偪陽」【八】，言自會也。言其因會以滅國，非之也。以與向戌，向戌辭曰：「君若猶辱鎮撫宋國，而以偪陽光啓寡君，羣臣安矣，其何貺如之？言見賜之厚無過此。若專賜臣，是臣興諸侯以自封也，其何罪大焉？敢以死請。」乃予宋公。宋公享晉侯於楚丘，請以桑林。桑林，殷天子之樂名【九】。荀罃辭。辭，讓之。荀偃、士匄曰：「諸侯宋、魯，於是觀禮。宋王者後，魯以周公故，皆用天子禮樂，故可觀。魯有禘樂，賔祭用之。禘，三年大祭，則作四代之樂。別祭羣公則用諸侯樂。宋以桑林享君，不亦可乎？」言俱天子樂也。舞師題以旌夏，師，帥也。旌夏，大旌也。題，識也。以大旌表識其行列。晉侯懼而退入于房。旌夏非常，卒見之，人心偶有所畏。去旌，卒享而還。及著【十】雍，疾。晉侯疾也。著雍，晉地。卜桑林見。祟見於卜兆。荀偃、士匄欲奔請禱焉。奔走還宋禱謝。荀罃不可，曰：「我辭禮矣，彼則以之。以，用也。猶有鬼神，於彼加之。」言自當加罪於宋。晉侯有閒，閒，疾差也。以偪陽

子歸，獻于武宮，謂之夷俘。諱俘中國，故謂之夷。**偪陽，妘姓也。使周內史選其族嗣，納諸霍【十一】人，禮也。**霍，晉邑。內史，掌爵禄廢置者，使選偪陽宗族賢者，令居霍，奉妘姓之祀。善不滅姓，故曰「禮也」。使周史者，示有王命。**師歸，孟獻子以秦堇父爲右。**嘉其勇力。**生秦丕兹，事仲尼。**言二父以力相尚。子事仲尼，以德相高。

六月，楚子囊、鄭子耳伐宋，師于訾毋。宋地。**庚午，圍宋，門于桐門。**不成圍而攻其城門。

晉荀罃伐秦，報其侵也。侵在九年。

衛侯救宋，師【十二】于襄牛。鄭子展曰：「必伐衛。不然，是不與楚也。得罪於晉，又得罪於楚，國將若之何？」子駟曰：「國病矣。」師數出，疲病也。**子展曰：「得罪於二大國，必亡。病，不猶愈於亡乎？」諸大夫皆以爲然。故鄭皇耳帥師侵衛，楚令也。**亦兼受楚之勑命也。皇耳，皇戌子。**孫文子卜【十三】追之，獻兆於定姜。姜氏問繇，**繇，兆辭。**曰：「兆如山陵，有夫出征，而喪其雄。」姜氏曰：「征者喪雄，禦寇之利也。大夫圖之！」衛人追之，孫蒯獲鄭皇耳于犬丘。**蒯，孫林父子。

秋，七月，楚子囊、鄭子耳侵我西鄙。於魯無所恥，諱而不書，其義未聞。**還，圍蕭。八月丙寅，克之。**蕭，宋【十四】邑。

九月，子耳侵宋北鄙。孟獻子曰：「鄭其有災乎！師競已甚。競，爭競也。**周猶不堪競，況鄭乎！**周謂天王。**有災，其執政之三士乎！」**鄭簡公幼少，子駟、子國、子耳秉政，故知三士任其禍也。爲下盜殺三大夫傳。

莒人閒諸侯之有事也，故伐我東鄙。諸侯有討鄭之事。

諸侯伐鄭。齊崔杼使大子光先至于師，故長【十五】於滕。大子〔一〕，宜賓之以上卿。而今晉悼以一時之宜，令在滕侯上，故傳從而釋之。**己酉，師于牛首。**鄭地。

初，子駟與尉止有爭。將禦諸侯之師，而黜其車。禦牛首師也。黜，減損。**尉止獲，又與之爭。**獲囚俘。**子駟抑尉止曰：「爾車非禮也。」**言女車猶多過制。**遂弗使獻。**不使獻所獲。

初，子駟爲田洫，司氏、堵氏、侯氏、子師氏皆喪【十六】田焉。洫，田畔溝也。子駟爲田洫，以正封疆，而侵四族田。**故五族聚羣不逞之人，因公子之徒以作亂。**八年，子駟所殺公子熙等之黨。**於是子駟當國，**攝君事也。**子國爲司馬，子耳爲司空，子孔爲司徒。冬，十月戊辰，尉止、司臣、侯晉、堵女父、子師僕帥賊以入，晨攻執政于西宮之朝，**公宮。**殺【十七】子駟、子國、子耳，劫鄭伯以如北宮。子孔知之，故不死。**子孔，公子嘉也。知難不告，利得其處也。爲十九年殺公子嘉傳。**書曰「盜」，言無大夫焉。**尉止等五人，皆士也。大夫謂卿。**子西聞盜，不儆而出，**子西，公孫夏，子駟子。**尸而追盜。**先臨尸而逐賊。**盜入於北宮，乃歸，授甲。臣妾多逃，器用多喪。子産聞盜，**子國子。**爲門者，**置守門【十八】。**庀羣司，**具衆官。**閉府庫，慎閉藏，完守備，成列而後出，兵車十七乘，**千二百七十五人。**尸而攻盜於北宮，子蟜帥國人助之，殺尉止、子師僕，盜衆盡死。侯晉奔晉，堵女父、司臣、尉翩、司齊奔宋。**尉翩，尉止子。司齊，司臣子。**子孔當國，爲載書，以位序，聽政辟。**自羣卿諸司，各【十九】守其職位，以受執政之法，不得與朝政。**大夫、諸司、門子弗順，將誅之。**子孔欲誅不順者。**子産止之，請爲之焚書。**既止子孔，又勸令燒除載書。**子孔不可，曰：「爲書以定國，衆怒而焚之，是衆爲政也，國不亦難乎？」**難以至治。**子産曰：**

〔一〕10倍放大鏡下觀察原拓，「大」字下部點形蓋磨損痕跡，非「太」字。

「衆怒難犯，專欲難成，合二難以安國，危之道也。不如焚書以【廿】安衆。子得所欲，欲爲政也。衆亦得安，不亦可乎？專欲無成，犯衆興禍，子必從之。」乃焚書於倉門之外，衆而後定。不於朝内燒，欲使遠近見所燒。

諸侯之師城虎牢而戍之。晉師城梧及制，欲以偪鄭也。不書「城」，魯不與也。梧、制，皆鄭舊地。士魴、魏絳戍之。書曰「戍鄭虎牢」，非鄭地也，言將歸【廿一】焉。二年，晉城虎牢而居之。今鄭復叛，故脩其城而置戍。鄭服，則欲以還鄭，故夫子追書，繫之于鄭，以見晉志。鄭及晉平。楚子囊救鄭。十一月，諸侯之師還鄭而南，至于陽陵。還，繞也。陽陵，鄭地。楚師不退。知武子欲退，曰：「今我逃楚，楚必驕。驕則可與戰矣。」武子，荀罃。欒黶曰：「逃楚，晉之恥也。合諸侯以益恥，不如【廿二】死。我將獨進。」師遂進。己亥，與楚師夾潁而軍。潁水出城陽，至下蔡入淮。子蟜曰：「諸侯既有成行，必不戰矣。言有成去之志。從之將退，不從亦退。從，猶服也。退，楚必圍我，猶將退也。不如從楚，亦以退之。」以退楚。宵涉潁，與楚人盟。夜渡，畏晉知之。欒黶欲伐鄭師，伐涉潁者。荀罃不可，曰【廿三】：「我實不能禦楚，又不能庇鄭。鄭何罪？不如致怨焉而還。致怨，爲後伐之資。今伐其師，楚必救之，戰而不克，爲諸侯笑。克不可命，勝負難要，不可命以必克。不如還也。」丁未，諸侯之師還，侵鄭北鄙而歸。欲以致怨。楚人亦還。鄭服故也。

王叔陳生與伯輿爭政。二子，王卿士。王右【廿四】伯輿。右，助也。王叔陳生怒而出奔，及河王復之，欲奔晉。殺史狡以說焉。說王叔也。不入，遂處之。處叔河上。晉侯使士匄平王室，王叔與伯輿訟焉。爭曲直。王叔之宰，宰，家臣。與伯輿之大夫瑕禽，瑕禽，伯輿屬大夫。坐獄於王庭，獄，訟也。周禮，命夫命婦不躬坐獄訟，故使宰與屬大夫對爭曲直。士匄聽之。王叔之宰【廿五】曰：「篳門閨竇之人，而皆陵其上，其難爲上矣。」篳門，柴門。閨竇，小户，穿辟爲户，上鋭下方，狀如圭也。言伯輿微賤之家。瑕禽曰：「昔平王東遷，吾七姓從王，牲用備具。王賴之，而賜之騂旄之盟。平王徙時，大臣從者有七姓。伯輿之祖，皆在其中，主爲王備犧牲，共祭祀。王恃其用，故與之盟，使廿其職。騂旄，赤牛也。舉騂旄者，言得重盟，不以犬雞。曰：『廿廿無失職。』若篳門閨竇【廿六】，其能來東底乎？且王何賴焉？言我若貧賤，何能來東，使王恃其用而與之盟邪？底，至也。今自王叔之相也，政以賄成，隨財制政。而刑放於寵。寵臣專刑，不任法。官之師旅，不勝其富。師旅之長皆受賂。吾能無篳門閨竇乎？言王叔之屬富，故使吾貧。唯大國圖之。圖，猶議也。下而無直，則何謂正矣？」正者，不失下之直。范宣子曰【廿七】：「天子所右，寡君亦右之；所左，亦左之。」宣子知伯輿直，不欲自專，故推之於王。使王叔氏與伯輿合要，合要辭。王叔氏不能舉其契。要契之辭。王叔奔晉。不書，不告也。單靖公爲卿士以相王室。代王叔。

㊣經十有一年，春，王正月，作三軍。增立中軍。萬二【廿八】千五百人爲軍。

夏，四月，四卜郊，不從，乃不郊。無傳。

鄭公孫舍之帥師侵宋。

公會晉侯、宋公、衛侯、曹伯、齊廿子光、莒子、邾子、滕子、薛伯、杞伯、小邾子伐鄭。廿子光至，復在莒子之先，故晉悼亦進之。

秋，七月己未，同盟于亳城北。亳城，鄭地。伐鄭而書「同盟」，鄭與盟可知。

公至自伐鄭。無傳。

楚子、鄭伯伐【廿九】宋。

公會晉侯、宋公、衛侯、曹伯、齊廿子光、莒子、邾子、滕子、薛伯、杞伯、小邾子伐鄭，晉遂尊光。**會于蕭魚。**鄭服而諸侯會。蕭魚，鄭地。

公至自會。無傳。以會至者，觀兵而不果侵伐。

楚人執鄭行人良霄。良霄，公孫輒子伯有也。

冬，秦人伐晉。

㊫**十一年，春，季武子將作三軍，**魯夲無中軍，唯【卅】上下二軍，皆屬於公。有事，三卿更帥以征伐。季氏欲專其𫝊人〔一〕，故假立中軍，因以改作。**告叔孫穆子曰：「請爲三軍，各征其軍。」**征，賦稅也。三家各征其軍之家屬。**穆子曰：「政將及子，子必不能。」**政者，霸國之政令。禮，大國三軍。魯次國而爲大國之制，貢賦必重，故憂不能堪。**武子固請之。穆子曰：「然則盟諸？」**穆子知季氏將復變易，故盟之。**乃盟諸僖閎。**僖宮之門。**詛諸五父之衢。**五父衢，道名，在魯國東南。詛，以禍福之言相要【卅一】。**正月，作三軍，三分公室而各有其一。**三分國𫝊衆。**三子各毁其乘。**壞其軍乘，分以足成三軍。**季氏使其乘之人，以其役邑入者無征，**使軍乘之人，率其邑役入季氏者，無公征。**不入者倍征。**不入季氏者，則使公家倍征之。設利病，欲駈使入己。故昭五年傳曰：「季氏盡征之。」𫝊辟倍征，故盡屬季氏。**孟氏使半爲臣，若子若弟。**取其子弟之半也。四分其乘之人，以三歸公，而取其一。**叔孫氏使【卅二】盡爲臣。**盡取子弟，以其父兄歸公。**不然不舍。**制軍分𫝊，不如是，則三家不舍其故而改作也。此蓋三家盟詛之夲言。

鄭人患晉、楚之故，諸大夫曰：「不從晉，國幾亡。幾，近也。**楚弱於晉，晉不吾疾也。**疾，急也。**晉疾，楚將辟之。何爲而使晉師致死於我，**言當作何計。**楚弗敢敵，而後可固與也。」**固與晉也。**子展曰：「與宋爲惡，諸【卅三】侯必至，吾從之盟。楚師至，吾又從之，則晉怒甚矣。晉能驟來，楚將不能，吾乃固與晉。」大夫說之，使疆埸之司惡於宋。**使守疆埸之吏侵犯宋。**宋向戌侵鄭，大獲。子展曰：「師而伐宋可矣。若我伐宋，諸侯之伐我必疾，吾乃聽命焉，且告於楚。楚【卅四】師至，吾又與之盟，而重賂晉師，乃免矣。」**言如此乃免於晉、楚之難。**夏，鄭子展侵宋。**欲以致諸侯。

四月，諸侯伐鄭。己亥，齊大子光、宋向戌先至于鄭，門于東門。傳釋齊大子光所以序莒上也。向戌不書，宋公在會故。**其莫，晉荀罃至于西郊，東侵舊許。**許之舊國，鄭□邑〔二〕。**衛孫林父侵其北鄙。六月，諸侯【卅五】會于北林，師于向，**向，地在潁川長社縣東北。**右□□□瑣〔三〕，**北行而西爲右還。滎陽宛陵縣西有瑣候亭。**圍鄭，觀兵于南門，**觀，示也。**西濟于濟隧。**濟隧，水名。**鄭人懼，乃行成。秋，七月，同盟于亳。范宣子曰：「不慎，必失諸侯。**慎，敬威儀，謹辭令。**諸侯道敝而無成，能無貳乎？」**數伐鄭，皆罷於道路。**乃盟。載書曰：「凡我同盟【卅六】毋藴年，**藴積年穀，而不分災。**毋壅利，**專山川之利。**毋保姦，**藏罪人。**毋留慝，**速去惡。**救災患，恤禍亂，同好惡，獎王室。**獎，助也。**或閒兹命，司慎、司盟，名山、名川，**二司，天神。**羣神羣祀，**羣祀，在祀典者。**先王、先公，**先王，諸侯

〔一〕原拓「民」字闕筆，以下相同處不再出注。

〔二〕10倍放大鏡下觀察原拓，「□」尚存殘形，蓋「新」字。日寫本、撫本、靜嘉本、八行本、浙本、興國本、潛府本、劉本、岳本、翻種本「□」作「新」。

〔三〕日寫本、唐石經、撫本、靜嘉本、八行本、浙本、興國本、潛府本、劉本、岳本、翻種本「□□□」作「還次于」。

之大祖，宋祖帝乙，鄭祖厲王之比也。先公，始封君。七姓十二國之祖，七姓，晉、魯、衛、鄭、曹、滕，姬姓；邾、小邾，曹姓；宋，子姓；齊，姜姓；莒，己姓；杞，姒姓；薛，任姓。實十三國，言十【卅七】二，誤也。明神殛之。殛，誅也。俾失其巳，墜命亡氏，踣其國家。」踣，斃也。

楚子囊乞旅于秦。乞師旅於秦。秦右大夫詹帥師從楚子，將以伐鄭。鄭伯逆之。丙子，伐宋。鄭逆服，故更伐宋也。秦師不書，不與伐宋而還。

九月，諸侯悉師以復伐鄭。此夏諸侯皆復來，故曰悉師。鄭人使良霄、大宰石㚟如楚，告將【卅八】服于晉，曰：「孤以社稷之故，不能懷君。君若能以玉帛綏晉，不然，則武震以攝威之，孤之願也。」楚人執之。書曰「行人」，言使人也。書行人，言非使人之罪。古者兵交，使在其閒，所以通命示整。或執殺之，皆以爲譏也。既成而後告，故書在蕭魚下。石㚟爲介，故不書。

諸侯之師觀兵于鄭東門。鄭人使王子伯駢行成。甲【卅九】戌，晉趙武入盟鄭伯。冬，十月，丁亥，鄭子展出盟晉侯。二盟不書，不告。十二月戊寅，會于蕭魚。經書秋，史失之。庚辰，赦鄭囚，皆禮而歸之，納斥候。不相備也。禁侵掠。晉侯使叔肸告于諸侯。叔肸，叔向也。告諸侯，亦使赦鄭囚。公使臧孫紇對曰：「凡我同盟，小國有罪，大國致【卌】討。苟有以藉手，鮮不赦宥。寡君聞命矣。」言晉討小國，有藉手之功，則赦其罪人。德義如是，不敢不承命。鄭人賂晉侯以師悝、師觸、師蠲；悝、觸、蠲，皆樂師名。廣車、軘車淳十五乘，甲兵備，廣車、軘車，皆兵車名。淳，耦也。凡兵車百乘；他兵車及廣、軘共百乘。歌鐘二肆，肆，列也。縣鐘十六爲一肆。二肆，三十二枚。及其鎛、磬，鎛、磬，皆樂器。女樂二八。十六人。晉侯以【四一】樂之半賜魏絳，曰：「子教寡人和諸戎狄以正諸華。在四年。八年之中，九合諸侯。如樂之和，無所不諧。諧，亦和也。請與子樂之。」共此樂。辭曰：「夫和戎狄，國之福也。八年之中，九合諸侯，諸侯無慝，君之靈也，二三子之勞也。臣何力之有焉？抑臣願【四二】君安其樂而思其終也。《詩》曰：『樂言君子，殿天子之邦。《詩・小雅》也。謂諸侯有樂美之德，可以鎮撫天子之邦。殿，鎮也。樂言君子，福祿攸同。攸，所也。便蕃左右，亦是帥從。』便蕃，數也。言遠人相帥來服從，便蕃然在左右。夫樂以安德，和其心也。義以處之，處位以義。禮以行之，行教令。信以守之，守所行。仁以厲之。厲風俗。而後可以殿邦國【四三】，同福祿，來遠人，所謂樂也。言五德皆備，乃爲樂，非但金石。《書》曰『居安思危』。逸書。思則有備，有備無患。敢以此規。」規，正也。公曰：「子之教，敢不承命。抑微子，寡人無以待戎，待遇接納。不能濟河。渡河南服鄭。夫賞，國之典也，藏在盟府，司盟之府，有賞功之制。不可廢也，子其受之。」魏絳於【四四】是乎始有金石之樂，禮也。禮，大夫有功則賜樂。

秦庶長鮑、庶長武帥師伐晉以救鄭。庶長，秦爵也。不書「救鄭」，已屬晉，無所救。鮑先入晉地，士魴禦之，少秦師而弗設備。壬午，武濟自輔氏，從輔氏渡河。與鮑交伐晉師。己丑，秦、晉戰于櫟，晉師敗績，易秦故也。不書「敗績」，晉恥易秦而敗，故不告也【四五】。櫟，晉地。

(經)十有二年，春，王三月，莒人伐我東鄙，圍台。琅邪費縣南有台亭。

季孫宿帥師救台，遂入鄆。鄆，莒邑。

夏，晉侯使士魴來聘。

秋，九月，吳子乘卒。五年會於戚，公不與盟，而赴以名。

冬，楚公子貞帥師侵宋。

公如晉【四六】。

（傳）**十二年，春，莒人伐我東鄙，圍台。季武子救台，遂入鄆，**乘勝入鄆，報見伐。**取其鐘以爲公盤。**

夏，晉士魴來聘，且拜師。謝前年伐鄭師。

秋，吴子壽夢卒。壽夢，吴子之號。**臨於周廟，禮也。**周廟，文王廟也。周公出文王，故魯立其廟。吴始通，故曰禮。**凡諸侯之喪，異姓臨於外，**於城外，向其國。**同姓於宗廟，**所出王之廟。**同宗**【四七】**於祖廟，**始封君之廟。**同族於禰廟。**父廟也。同族，謂高祖以下。**是故魯爲諸姬，臨於周廟。**諸姬，同姓國。**爲邢、凡、蔣、茅、胙、祭，臨於周公之廟。**即祖廟也。六國皆周公之支子，別封爲國，共祖周公。

冬，楚子囊、秦庶長無地伐宋，師于揚梁，以報晉之取鄭也。取鄭在前年。梁國睢陽縣東，有地名揚梁。

靈王求后于齊，齊侯問對【四八】**於晏桓子。桓子對曰：「先王之禮辭有之。天子求后於諸侯，諸侯對曰：『夫婦所生若而人。**不敢譽，亦不敢毀，故曰若如人。**妾婦之子若而人。』**言非適也。**無女而有姊妹及姑姊妹，則曰『先守某公之遺女若而人。』」齊侯許昏，王使陰里結之。**陰里，周大夫。結，成也。爲十五年劉夏逆王后傳。

公【四九】**如晉朝，且拜士魴之辱，禮也。**士魴聘在此年夏，嫌君臣不敵，故禮之。

秦嬴歸于楚。秦景公妹，爲楚共王夫人。**楚司馬子庚聘于秦，爲夫人寧，禮也。**子庚，莊王子午也。諸侯夫人，父母既沒，歸寧使卿，故曰禮。

（經）**十有三年，春，公至自晉。**

夏，取邿。邿，小國也。任城亢父縣有邿亭。《傳例》曰：「書取，言易也。」

秋，九月，庚辰，楚子審【五十】**卒。**共王也。成二年，大夫盟于蜀。

冬，城防。

（傳）**十三年，春，公至自晉，孟獻子書勞于廟，禮也。**書勳勞於策也。桓二年傳曰：「公至自唐告於廟也。凡公行告於宗廟，反行飲至，舍爵策勳焉，禮也。」桓十六年傳又曰：「公至自伐鄭，以飲至之禮也。」然則還告廟及飲至及書勞三事，偏行一禮，則亦書至。悉闕乃不書至。傳因獻子之事，以發明凡例，《釋例》詳之〔一〕。

夏，邿亂，分爲三。國分爲三部，志力各異。**師救邿，遂取之。**魯師也。經不稱師，不滿二【五一】千五百人。傳通言之。**凡書取，言易也。**不用師徒，及用師徒而不勞，雖國亦曰取。**用大師焉曰滅。**敵人距戰，斬獲俘馘，用力難重，雖邑亦曰滅。**弗地曰入。**謂勝其國邑，不有其地。

荀罃、士魴卒。晉侯蒐于緜上以治兵，爲將命軍帥也，必蒐而命之，所以與衆共。**使士匄將中軍，辭曰：「伯游長。**伯游，荀偃。**昔臣習於知伯，是以佐之，非能賢也。**七年，韓厥老，知罃代將中軍，士【五二】匄佐之。匄今將讓，故謂爾時之舉，不以己賢。事見九年。**請從伯游。」荀偃將中軍，**代荀罃。**士匄佐之。**位如故。**使韓起將上軍，辭以趙武。又使欒黶，**以武位卑，故不聽，更命黶。**辭曰：「臣不如韓起。韓起願上趙武，君其聽之。」使趙武將上軍，**武自新軍超四等，代荀偃。**韓起佐之。**位如故。**欒黶將下軍，魏絳佐之。**黶亦如故。絳自新軍□□□□〔二〕【五三】，代士魴。**新軍無帥，**

〔一〕原拓「詳」字闕筆。

〔二〕日寫本、撫本、靜嘉本、八行本、浙本、興國本、劉本、岳本、翻種本「□□□□」作「佐超一等」。

將佐皆遷。晉侯難其人，使其什吏率其卒乘官屬，以從於下軍，禮也。得慎舉之禮。晉國之巳，是以大和，諸侯遂睦。君子曰：「讓，禮之主也。范宣子讓，其下皆讓。欒黶爲汏，弗敢違也。晉國以平，數世賴之。刑善也夫！刑，法也。一人刑善，百【五四】姓休和，可不務乎？《書》曰：『一人有慶，兆巳賴之，其寧惟永。』其是之謂乎！《周書・吕刑》也。一人，天子也。寧，安也。永，長也。義取上有好善之慶，則下賴其福。周之興也，其《詩》曰：『儀刑文王，萬邦作孚。』《詩・大雅》。言文王善用法，故能爲萬國所信。孚，信也。言刑善也。及其衰也，其《詩》曰：『大夫不均，我從事獨賢。』《詩・小雅》。刺幽王役使不均，故從事者怨恨。稱己【五五】之勞，以爲獨賢，無讓心。言不讓也。世之治也，君子尚能而讓其下，能者在下位，則貴尚而讓之。小人農力以事其上。是以上下有禮，而讒慝黜遠，由不爭也，謂之懿德。及其亂也，君子稱其功以加小人，加，陵也。君子，在位者。小人伐其技以馮君子。馮，亦陵也。自稱其能爲伐。是以上下無禮，亂【五六】虐並生，由爭善也，爭自善也。謂之昏德。國家之敝，恒必由之。」傳言晉之所以興。

楚子疾，告大夫曰：「不穀不德，少主社稷。生十年而喪先君，未及習師、保之教訓，而應受多福，多福，謂爲君。是以不德，而亡師于鄢，鄢在成十六年。以辱社稷，爲大夫憂，其弘多矣。弘，大也【五七】。若以大夫之靈，獲保首領以沒於地，唯是春秋窀穸之事，窀，厚也。穸，夜也。厚夜，猶長夜。春秋，謂祭祀。長夜，謂葬埋。所以從先君於禰廟者，從先君代爲禰廟。請爲『靈』若『厲』。欲受惡謚，以歸先君也。亂而不損曰靈，殺戮不辜曰厲。大夫擇焉。」莫對。及五命，乃許。秋，楚共王卒。子囊謀謚。大夫曰：「君有命矣。」子囊曰：「君命【五八】以『共』，若之何毀之？赫赫楚國，而君臨之，撫有蠻夷，奄征南海，以屬諸夏，而知其過，可不謂共乎？請謚之『共』。」大夫從之。傳言子囊之善。

吳侵楚，養由基奔命，子庚以師繼之。子庚，楚司馬。養叔曰：「吳乘我喪，謂我不能師也，養叔，養由基也。必易我而不戒。戒，備也【五九】。子爲三覆以待我，覆，伏兵。我請誘之。」子庚從之。戰于庸浦，庸浦，楚地。大敗吳師，獲公子黨。君子以吳爲不弔。不用天道相弔恤。《詩》曰：「不弔昊天，亂靡有定。」言不爲昊天所恤，則致罪也。爲明年會向傳。

冬，城防。書事，時也。土功雖有常節，通以事閒爲時。於是將早城，臧武仲請俟畢農事，禮也。

鄭良霄【六十】、大宰石臭猶在楚。十一年，楚人執之至今。石臭言於子囊曰：「先王卜征五年，先征五年而卜吉凶也。征謂巡狩、征。而歲習其祥〔一〕。祥習則行，五年五卜，皆同吉，乃巡狩。不習則增，脩德而改卜。不習，謂卜不吉。今楚實不競，行人何罪？不能脩德與晉競。止鄭一卿，以除其偪，一卿，謂良霄。使睦而疾楚，以固於晉，焉用之【六一】？位不偪則大臣睦，怨疾楚則事晉固。使歸而廢其使，行而見執於楚，鄭又遂堅事晉。是鄭廢夲見使之意。怨其君以疾其大夫，而相牽引也，不猶愈乎？」楚人歸之。

㊇經 十有四年，春，王正月，季孫宿、叔老會晉士匄、齊人、宋人、衛人、鄭公孫蠆、曹人、莒人、邾人、滕人、薛人、杞人、小邾【六二】人會吳于向。叔老，聲伯子也。魯使二卿會晉，敬事霸國。晉人自是輕魯幣，而益敬其使，故叔老雖介，亦列於會也。齊崔杼、宋華閱、衛北宮括在會惰慢不攝，故貶稱

〔一〕原拓「祥」字闕筆，以下相同處不再出注。

「人」，蓋欲以督率諸侯，奬成霸功也。吳來在向，諸侯會之，故曰「會吳」。向，鄭地。

二月，乙未，朔，日有食之。無傳。

夏，四月，叔孫豹會晉荀偃、齊人、宋人、衞北宮括、鄭公孫蠆、曹人、莒人、邾人、滕人、薛人、杞人、小邾人伐秦。齊、宋【六三】大夫不書，義與向同。

己未，衞侯出奔齊。諸侯之策，書「孫、甯逐衞侯」。《春秋》以其自取奔亡之禍，故諸失國者，皆不書逐之賊也〔一〕。不書名，從告。

莒人侵我東鄙。無傳。報入鄆。

秋，楚公子貞帥師伐吳。

冬，季孫宿會晉士匄、宋華閱、衞孫林父、鄭公孫蠆、莒人、邾人于戚。

（傳）**十四年，春，吳告敗于晉。**前年爲楚所敗。**會于【六四】向，爲吳謀楚故也。**謀爲吳伐楚。**范宣子數吳之不德也，以退吳人。**吳伐楚喪，故以爲不德。數而遣之，卒不爲伐楚。**執莒公子務婁，**在會不書，非卿。**以其通楚使也。**莒貳於楚，故比年伐魯。**將執戎子駒支，**駒支，戎子名。**范宣子親數諸朝，**行之所在，亦設朝位。**曰：「來！姜戎氏！昔秦人□逐乃祖吾離于瓜州**〔二〕，四嶽之後，皆□□又【六五】別爲允姓〔三〕。瓜州地在今燉煌。**乃祖吾離被苫蓋，**蓋，苫之別名。**蒙荊棘，以來歸我先君。**蒙，冒也。**我先君惠公有不腆之田，**腆，厚也。**與女剖分而食之。**中分爲剖。**今諸侯之事我寡君不如昔者，蓋言語漏洩，則職女之由。**職，主也。**詰朝之事，爾無與焉。**詰朝，明旦。不使復得與會事。**與，將執女。」對曰【六六】：「昔秦人負恃其衆，貪于土地，逐我諸戎。惠公蠲其大德，**蠲，明也。**謂我諸戎是四嶽之裔胄也。**四嶽，堯時方伯，姜姓也。裔，遠也。胄，後也。**毋是翦弃，**翦，削也。**賜我南鄙之田，狐狸所居，豺狼所嗥。我諸戎除翦其荊棘，驅其狐狸豺狼，以爲先君不侵不叛之臣，至于今【六七】不貳。**不內侵，亦不外叛。**昔文公與秦伐鄭，秦人竊與鄭盟，而舍戍焉，**在僖三十年。**於是乎有殽之師。**在僖三十三年。**晉禦其上，戎亢其下，**亢，猶當也。**秦師不復，我諸戎實然。辟如捕鹿，晉人角之，諸戎掎之，**掎其足也。**與晉踣之。**踣，僵也。**戎何以不免？自是以來，晉之百役【六八】，與我諸戎相繼于時，**言給晉役不曠時。**以從執政，猶殽志也，**意常如殽，無中二也。**豈敢離遏？今官之師旅，無乃實有所闕，以攜諸侯，而罪我諸戎！我諸戎飲食衣服不與華同，贄幣不通，言語不達，何惡之能爲？不與於會，亦無瞢焉。」**瞢，悶也。**賦《青蠅》而【六九】退。**《青蠅》，《詩・小雅》。取其「愷悌君子，無信讒言」。**宣子辭焉，**辭，謝。**使即事於會，成愷悌也。**成愷悌，不信讒也。不書者，戎爲晉屬，不得特達。**於是子叔齊子爲季武子介以會，自是晉人輕魯幣，而益敬其使。**齊子，叔老字也。言晉敬魯使，經所以並書二卿。**吳子諸樊既除喪，**諸樊，吳子乘之長子也。乘卒，至此春十七月，既葬而除喪。**將立季札。**札，諸樊少弟。**季札辭曰：「曹宣【七十】公之卒也，諸侯與曹人不義曹君，**曹君，公子負芻也，殺大子而自立。事在成十三年。**將立子臧。子臧去之，遂弗爲也，以成曹君。君子曰：『能守節。』君，義嗣也，**諸樊，適子，

〔一〕原拓「皆」前有一字之容，並有損痕。

〔二〕日寫本、唐石經、撫本、靜嘉本、八行本、浙本、興國本、潛府本、劉本、岳本、翻種本「□」作「迫」。

〔三〕原拓「□□」尚存殘形，蓋「姜姓」。日寫本、撫本、靜嘉本、八行本、浙本、興國本、潛府本、岳本、翻種本「□□」作「姜姓」，劉本作「姓姜」。

故曰「義嗣」。誰敢奸君？有國，非吾節也。札雖不才，願附於子臧，以無失節。」固立之。弃其室而耕，乃舍之。傳言【七一】季札之讓，且明吴兄弟相傳。

夏，諸侯之大□□□□伐秦〔一〕，以報櫟之役也。櫟役在十一年。晉侯待于竟，使六卿帥諸侯之師以進。言經所以不稱晉侯。及涇，不濟。諸侯之師不肯渡也。涇水出安定朝那縣，至京兆高陸縣入渭。叔向見叔孫穆子，穆子賦《匏有苦葉》。《詩·邶風》也。義取於「深則厲，淺則揭」。言己志在於必濟。叔向退而具舟，魯人、莒人【七二】先濟。鄭子蟜見衛北宫懿子曰：「與人而不固，取惡莫甚焉，若社稷何？」懿子說。二子見諸侯之師而勸之濟，濟涇而次。傳言北宫括所以書於伐秦。秦人毒涇上流，師人多死。飲毒水故。鄭司馬子蟜帥鄭師以進，師皆從之，至于棫林，棫林，秦地。不獲成焉。秦不服。荀【七三】偃令曰：「雞鳴而駕，塞井夷竈，示不反。唯余馬首是瞻。」言進退從己。欒黶曰：「晉國之命，未是有也。余馬首欲東。」乃歸。黶惡偃自專，故弃之歸。下軍從之。左史謂魏莊子曰：「不待中行伯乎？」中行伯，荀偃也。莊子，魏絳也。左史，晉大史。莊子曰：「夫子命從帥。夫子，謂荀偃。欒伯，吾帥也，吾將從之。從【七四】帥，所以待夫子也。」以從命爲待也。欒黶，下軍帥，莊子爲佐，故曰「吾師」。伯游曰：「吾令實過，悔之何及，多遺秦禽。」軍帥不和，恐多爲秦所禽獲。乃命大還。晉人謂之「遷延之役」。遷延，却退。欒鍼曰：「此役也，報櫟之敗也。役又無功，晉之恥也。吾有二位於戎路，欒鍼，欒黶弟也。二位，謂黶將下軍，鍼爲戎右。敢不恥乎？」與士【七五】鞅馳秦師，死焉。士鞅反，鞅，士匄也。欒黶謂士匄曰：「余弟不欲往，而子召之。余弟死，而子來，是而子殺余之弟也。弗逐，余亦將殺之。」士鞅奔秦。欒黶汏侈，誣逐士鞅也。而，女也。於是齊崔杼、宋華閱、仲江會伐秦。不書，惰也。臨事惰慢不脩也。仲江，宋公孫師之子。向之會亦如之。衛【七六】北宫括不書於向，亦惰。書於伐秦，攝也。能自攝整，從鄭子蟜俱濟涇。

秦伯問於士鞅曰：「晉大夫其誰先亡？」對曰：「其欒氏乎？」秦伯曰：「以其汏乎？」對曰：「然。欒黶汏虐已甚，猶可以免。其在盈乎！」盈，黶之子。秦伯曰：「何故？」對曰：「武子之德在巳，如周人之思召公【七七】焉，愛其甘棠，況其子乎？武子，欒書，黶之父也。召公奭聽訟舍於甘棠之下，周人思之，不害其樹，而作「勿伐」之詩，在《召南》。欒黶死，盈之善未能及人。武子所施沒矣，而黶之怨實章。將於是乎在。」秦伯以爲知言，爲之請於晉而復之。爲傳二十一年晉滅欒氏張本。

衛獻公戒孫文子、甯惠子食，勑戒二子，欲共宴食。皆服而【七八】朝。服朝服，待命於朝。日旰不召，旰，晏也。而射鴻於囿。二子從之，從公於囿。不釋皮冠而與之言。皮冠，田獵之冠也。既不釋冠，又不與食。二子怒。孫文子如戚，戚，孫文子邑。孫蒯入使。孫蒯，孫文子之子。公飲之酒，使大師歌《巧言》之卒章。《巧言》，《詩·小雅》。其卒章曰：「彼何人斯，居河之麋。無拳無勇，職爲亂階。」戚，衛河上邑。公欲以喻文子居河上而爲亂。大師，掌樂大夫。大師辭，師曹【七九】請爲之。辭以爲不可。師曹，樂人。初，公有嬖妾，使師曹誨之琴，誨，教也。師曹鞭之。公怒，鞭師曹三百。故師曹欲歌之，以怒孫子，以報公。公使歌之，遂誦之。恐孫蒯不解故。蒯懼，告文子。文子曰：「君忌我矣。弗先，必死。」欲先公作亂。并帑

〔一〕日寫本、唐石經、撫本、靜嘉本、八行本、浙本、興國本、潛府本、劉本、岳本、翻種本「□□□□」作「夫從晉侯」。

於戚，帑，子也。而入，見蘧伯玉，曰：「君之暴【八十】虐，子所知也。大懼社稷之傾覆，將若之何？」伯玉，蘧瑗。對曰：「君制其國，臣敢奸之？奸，猶犯也。雖奸之，庸知愈乎？」言逐君更立，未知當差否？遂行，從近關出。懼難作，欲速出竟。公使子蟜、子伯、子皮與孫子盟于丘宮，孫子皆殺之。三子，衛羣公子。疑孫子，故盟之。丘宮，近戚地。四月，己未，子展奔齊。子展，衛獻公弟。公【八一】如鄄。鄄，衛地。使子行於孫子，孫子又殺之。使往請和也。子行，羣公子。公出奔齊，孫氏追之，敗公徒于阿澤，濟北東阿縣西南有大澤。鄄人執之。公徒因敗散還，故爲公執之。

初，尹公佗學射於庾公差，庾公差學射於公孫丁。二子追公，二子，佗與差，爲孫氏逐公。公孫丁御公。爲公御也。子魚曰：「射爲背師，不射爲【八二】戮，射爲禮乎？」子魚，庾公差。禮射不求中。射兩軥而還。軥，車軛卷者。尹公佗曰：「子爲師，我則遠矣。」乃反之。佗不從丁學，故言「遠」。始與公差俱退，悔而獨還射丁。公孫丁授公轡而射之，貫臂。貫佗臂。子鮮從公。子鮮，公母弟。及竟，公使祝宗告亡，且告無罪。告宗廟也。定姜曰：「無神，何告？若有，不可誣也。誣，欺也。定姜，公【八三】適母。有罪，若何告無？舍大臣而與小臣謀，一罪也。先君有冢卿以爲師、保而蔑之，二罪也。謂不釋皮冠之比。余以巾櫛事先君，而暴妾使余，三罪也。告亡而已，無告無罪！」時姜在國，故不使得告無罪。公使厚成叔弔于衛，曰：「寡君使瘠，聞君不撫社稷，而越【八四】在他竟，越，遠也。瘠，厚成叔名。若之何不弔？以同盟之故，使瘠敢私於執事，執事，衛諸大夫。曰：『有君不弔，弔，恤也。有臣不敏。敏，達也。君不赦宥，臣亦不帥職，增淫發洩，其若之何？』」衛人使大叔儀對，大叔儀，衛大夫。曰：「羣臣不佞，得罪於寡君。寡君不以即刑而悼弃之，以爲【八五】君憂。君不忘先君之好，辱弔羣臣，又重恤之。重恤，謂愍其不達也。敢拜君命之辱，重拜大貺。」謝重恤之賜。厚孫歸，復命，語臧武仲曰：「衛君其必歸乎？有大叔儀以守，守於國。有母弟鱄以出，或撫其內，或營其外，能無歸乎？」齊人以郲寄衛侯。郲，齊所滅郲國。及其【八六】復也，以郲糧歸。言其貪。右宰穀從而逃歸，衛人將殺之。穀，衛大夫也。以其從君，故欲殺之。辭曰：「余不說初矣。言初從君，非說之，不獲已耳。余狐裘而羔袖。」言一身盡善，唯少有惡。喻已雖從君出，其罪不多。乃赦之。衛人立公孫剽，剽，穆公孫。孫林父、甯殖相之，以聽命於諸侯。聽盟會之命。衛侯在郲，臧紇如齊唁衛侯。衛【八七】侯與之言，虐。退而告其人曰：「衛侯其不得入矣！其言糞土也。亡而不變，何以復國？」武仲不書，未爲卿。子展、子鮮聞之，見臧紇，與之言，道。順道理。臧孫說，謂其人曰：「衛君必入。夫二子者，或輓之，或推之，欲無入，得乎？」爲二十六年衛侯歸傳。

師歸自伐秦。晉侯【八八】舍新軍，禮也。成國不過半天子之軍。成國，大國。周爲六軍，諸侯之大者，三軍可也。於是知朔生盈而死，朔，知罃之長子。盈，朔弟也。盈生而朔死。盈生六年而武子卒，彘裘亦幼，皆未可立也。新軍無帥，故舍之。裘，士魴子也。十三年，荀罃、士魴卒，其子皆幼，未任爲卿。故新軍無帥，遂舍之。師曠侍於晉侯。師曠，晉樂大師【八九】子野。晉侯曰：「衛人出其君，不亦甚乎？」對曰：「或者其君實甚。良君將賞善而刑淫，養巳如子，蓋之如天，容之如地。巳奉其君，愛之如父母，仰之如日月，敬之如神明，畏之如雷霆。其可出乎？夫君，神之主而巳之望也。若困巳之主【九十】，匱神乏祀，百姓絶望，社稷無主，將安用之？弗去何爲？天生巳而立之君，使司牧之，勿使失性。有君

而爲之貳，貳，卿佐。**使師保之，勿使過度。是故天子有公，諸侯有卿，卿置側室，**側室，支子之官。**大夫有貳宗，**貳宗，宗子之副貳者。**士有朋友，庶人、工、商、皁【九一】、隸、牧、圉，皆有親暱，以相輔佐也。善則賞之，**賞，謂宣揚。**過則匡之，**匡，正也。**患則救之，**救其難。**失則革之。**革，更也。**自王以下，各有父兄子弟以補察其政**〔一〕。補其愆過，察其得失。**史爲書，**謂大史，君舉則書。**瞽爲詩，**瞽，盲者，爲詩以風刺。**工誦箴諫，**工，樂人也，誦箴諫之辭。**大夫規誨，**規正諫誨其君。**士傳言，**士卑不得徑達，聞君過失，傳告大夫。**庶【九二】人謗，**庶人不與政，聞君過得誹謗。**商旅于市，**旅，陳也，陳其貨物，以示時所貴尚。**百工獻藝。**獻其技藝，以喻政事。**故《夏書》曰：『遒人以木鐸徇於路，**逸書。遒人，行人之官也。木鐸，木舌金鈴。徇於路，求歌謠之言。**官師相規，**官師，大夫。自相規正。**工執藝事以諫。』**所謂獻藝。**正月孟春，於是乎有之，諫失常也。**有遒人徇路之事。**天之愛民甚矣，豈其使一人肆【九三】於民上，**肆，放也。**以從其淫，而弃天地之性？必不然矣！」**傳善師曠能因問盡言。

秋，楚子爲庸浦之役故，在前年。**子囊師于棠以伐吳，吳不出而還。子囊殿，**殿，軍後。**以吳爲不能而弗儆。吳人自皁舟之隘，要而擊之，**皁舟，吳險阨之道。**楚人不能相救。吳人敗之，獲楚公【九四】子宜穀。**傳言不備不可以師。**王使劉定公賜齊侯命，**將昏於齊故也。定公，劉夏。位賤，以能而使之。傳稱謚，舉其終。**曰：「昔伯舅大公右我先王，股肱周室，師保萬民。世胙大師，以表東海。**胙，報也。表，顯也。謂顯封東海以報大師之功。**王室之不壞，繄伯舅是賴。**繄，發聲。**今余命女環，**環，齊靈公名。**玆率舅氏之典，纂乃祖考【九五】，無忝乃舊。敬之哉！無廢朕命！」**纂，繼也。因昏而加褒顯，傳言王室不能命有功。

晉侯問衞故於中行獻子，問衞逐君當討否。獻子，荀偃。**對曰：「不如因而定之，衞有君矣。**謂剽已立。**伐之，未可以得志，而勤諸侯。史佚有言曰：『因重而撫之。』**重不可移，就撫安之。**仲虺有言曰：『亡者侮之，亂者取之。推亡、固【九六】存，國之道也。』**仲虺，湯左相。**君其定衞以待時乎！」**待其昏亂之時，乃伐之。**冬，會于戚，謀定衞也。**定立剽。

范宣子假羽毛於齊而弗歸，齊人始貳。析羽爲旌，王者游車之所建。齊私有之，因謂之羽毛。宣子聞而借觀之。

楚子囊還自伐吳，卒。將死，遺言謂子庚：「必城郢。」楚徙都郢，未有城郭。公子燮、公子儀因築城爲亂，事未得訖。子囊欲訖而未暇，故遺言見意。**君子【九七】謂：「子囊忠。君薨不忘增其名，**謂前年謚君爲共。**將死不忘衞社稷，可不謂忠乎？忠，民之望也。詩曰：『行歸于周，萬民所望。』忠也。」**《詩・小雅》。忠信爲周。言德行歸於忠信。即爲萬民所瞻望。

㊣經十有五年，春，宋公使向戌來聘。

二月，己亥，及向戌盟于劉。

劉夏逆王后【九八】于齊。劉，采地。夏，名也。天子卿書字，劉夏非卿，故書名。天子無外，所命則成，故不言逆女。

夏，齊侯伐我北鄙，圍成。

公救成，至遇。無傳。遇，魯地。書至遇，公畏齊，不敢至成。

季孫宿、叔孫豹帥師城成郛。備齊，故夏城，非例所譏。

秋，八月，丁巳，日有食之。無傳。八月無丁巳。丁巳，七月一日也。日月必有誤。

〔一〕原拓「察」字闕筆，以下相同處不再出注。

邾人伐我南鄙。

冬，十有一月，癸亥，晉侯周卒。四同盟【九九】。

㊫**十五年，春，宋向戌來聘，且尋盟。**報二年豹之聘，尋十一年亳之盟。**見孟獻子，尤其室，**尤，責過也。**曰：「子有令聞而美其室，非所望也。」對曰：「我在晉，吾兄爲之。毁之重勞，且不敢閒。」**傳言獻子友于兄，且不隱其實。

官師從單靖公逆王后于齊。卿不行，非禮也。官師，劉夏也。天子官師，非卿也。劉夏獨過魯告昏，故【百】不書單靖公。天子不親昏，使上卿逆而公監之，故曰「卿不行，非禮」。

楚公子午爲令尹，代子囊。**公子罷戎爲右尹，蔿子馮爲大司馬，**子馮，叔敖從子。**公子橐師爲右司馬，公子成爲左司馬，屈到爲莫敖，**屈到，屈蕩子。**公子追舒爲箴尹，**追舒，莊王子子南。**屈蕩爲連尹，養由基爲宮廄尹，以靖國人。君子謂**【百一】**：「楚於是乎能官人。官人，國之急也。能官人，則巳無覦心。**無覬覦以求幸。**《詩》云：『嗟我懷人，寘彼周行。』能官人也。**《詩·周南》也。寘，置也。行，列也。周，徧也。詩人嗟歎，言我思得賢人，置之徧於列位。是后妃之志，以官人爲急。**王及公、侯、伯、子、男、甸、采、衞、大夫，各居其列，所謂『周行』也。」**言自王以下，諸侯大夫各任其職，則是詩人周行之志也。甸、采、衞，五服之名也。天子所居，千里【百二】曰圻，其外曰侯服，次曰甸服，次曰男服，次曰采服，次曰衞服。五百里爲一服。不言侯、男，略舉也。

鄭尉氏、司氏之亂，其餘盜在宋。亂在十年。**鄭人以子西、伯有、子産之故，納賂于宋，**三子之父皆爲尉氏所殺故。**以馬四十乘，**百六十匹。**與師茷、師慧。**樂師也，茷、慧，其名。**三月，公孫黑爲質焉。**公孫黑，子皙。**司城子罕以堵女父、尉翩、司齊與之。良司**【百三】**臣而逸之，**賢而放之。**託諸季武子，武子寘諸卞。**子罕以司臣託季氏。**鄭人醢之三人也。**三人，堵女父、尉翩、司齊。**師慧過宋朝，將私焉。**私，小便。**其相曰：「朝也。」**相師者。**慧曰：「無人焉。」相曰：「朝也，何故無人？」慧曰：「必無人焉。若猶有人，豈其以千乘之相易淫樂之矇？必無人焉故也**【百四】**。」**千乘相，謂子産等也。言不爲子産殺三盜，得賂而歸之，是重淫樂而輕國相。**子罕聞之，固請而歸之。**言子罕能改過。

夏，齊侯圍成，貳於晉故也。不畏霸主，故敢伐魯。**於是乎城成郛。**郛，郭也。

秋，邾人伐我南鄙。亦貳於晉故。**使告于晉。晉將爲會以討邾、莒。**十二年、十四年，莒人伐魯，未之討也。**晉侯有疾，乃止。冬，晉悼公卒。遂不克會。**爲明【百五】年會溴梁傳。

鄭公孫夏如晉奔喪，子蟜送葬。夏，子西也。言諸侯畏晉，故卿共葬。

宋人或得玉，獻諸子罕，子罕弗受。獻玉曰：「以示玉人，玉人，能治玉者。**玉人以爲寶也，故敢獻之。」子罕曰：「我以不貪爲寶，爾以玉爲寶。若以與我，皆喪寶也。不若人有其寶。」稽首而告曰**【百六】**：「小人懷璧不可以越鄉，**言必爲盜所害。**納此以請死也。」**請免死。**子罕寘諸其里，使玉人爲之攻之，**攻，治也。**富而後使復其所。**賣玉得富。

十二月，鄭人奪堵狗之妻，而歸諸范氏。堵狗，堵女父之族。狗娶於晉范氏，鄭人既誅女父，畏狗因范氏而作亂，故奪其妻歸范氏，先絶之。傳言鄭之有謀也。

春秋卷第十五　經七千九十三字，注五千二十四字【百七】

二、《春秋經傳集解・昭公》

說　明

（一）國家圖書館藏蜀石經《春秋經傳集解・昭公》殘拓起自卷二十昭公二年傳文「子也」，終於「而又何請焉」之「而」字，存三開。半開經文大字六行行十四至十五字不等，注文小字雙行行十八至十九字不等。

（二）拓中字迹殘損處，尚可辨識者徑録其文；存有殘形但較難辨識者與完全殘去者皆以「□」標識。

（三）殘拓有兩種朱筆葉號，一種與其他蜀石經拓本相似均標於下部，當爲原始葉號，今依照朱筆用漢字表示，標記於葉尾，另一種記於上端，作「一」「二」「三」「四」「五」「六」，當爲獲此三開殘拓者所標，今不再於録文中體現。

（四）帖芯内部非左右、中間邊緣之剪裱拼接痕跡，則推算行數加以標記，行數用阿拉伯數字表示。

（五）注釋中「日寫本」指日本宫内廳書陵部藏文永間寫卷，據「宫内廳書陵部收藏漢籍集覽」公布之全文影像；「唐石經」指唐開成石經《春秋經傳集解》，據日本京都大學人文科學研究所藏整拓本全文影像；「撫本」指臺北「故宫博物院」藏南宋淳熙間撫州公使庫刻本，據該本複製件；「靜嘉本」指日本靜嘉堂文庫藏南宋孝宗時刻宋元明遞修本，據「靜嘉堂文庫所藏宋元版」公布之全文影像；「八行本」指國家圖書館藏南宋慶元六年(1200)紹興府刻宋元遞修注疏合刻八行本，據《中華再造善本》影印本；「浙本」指上海圖書館藏南宋浙刻十三行巾箱本，據《中華再造善本》影印本；「興國本」指日本靜嘉堂文庫藏南宋嘉定九年(1216)興國軍學刻本，據「靜嘉堂文庫所藏宋元版」公布之全文影像；「潛府本」指臺北「央圖」藏南宋潛府劉氏家塾刻本，據「古籍與特藏文獻資源」公布之全文影像；「劉本」指日本足利學校遺蹟圖書館藏南宋建安劉叔剛注疏合刻十行本，據日本慶應義塾大學斯道文庫所藏膠片複製件；「岳本」指國家圖書館藏元相臺岳氏荆谿家塾刻本，據《中華再造善本》影印本；「翻種本」指日本宫内廳書陵部藏明嘉靖翻刻南宋淳熙三年(1176)閩山阮仲猷種德堂本，據「宫内廳書陵部收藏漢籍集覽」公布之全文影像。

録　文

（前缺三十五開半）

子也。夫子，韓起。**君子有信，其有以知之矣。」**爲十年齊欒施、高彊來奔張本。**自齊聘於衛，衛侯享之。北宮文子賦《淇澳》。**《淇澳》，《詩・衛風》，美武公也。言宣子有武公之德。**宣子賦《木瓜》。**《木瓜》，亦《衛風》，義取於欲厚報以爲好。

夏，四月，韓須如齊逆女。須，韓起之子。逆少姜。**齊陳無宇送女，致少姜。少姜有寵於晉□**[一]**，□侯謂之少齊**[二]。爲立別號，所以寵□之[三]【七二】。**謂陳無宇非卿，**欲使齊以適夫人禮送少姜。**執諸中都。**中都，晉邑。在西河界休縣東南。**少姜爲之請曰：「送從逆班，**班，列也。**畏大國也，猶有所易，是以亂作。」**韓須，公族大夫。陳無宇，上大夫。言齊畏晉，改易禮制，使上大夫送，遂致此執辱之罪。蓋少姜謙以示譏。

[一] 日寫本、唐石經、撫本、靜嘉本、八行本、浙本、興國本、潛府本、劉本、岳本、翻種本「□」作「侯」。

[二] 日寫本、唐石經、撫本、靜嘉本、八行本、浙本、興國本、潛府本、劉本、岳本、翻種本「□」作「晉」。

[三] 日寫本、撫本、靜嘉本、八行本、浙本、興國本、潛府本、劉本、岳本、翻種本「□」作「異」。

叔弓聘于晉，報宣子也。此春韓宣子來聘。**晉侯使郊勞。**聘禮，賓至近郊，君使卿勞之。**辭曰：「寡君使弓【七三】來繼舊好，固曰『女無敢爲賓』，徹命於執事，敝邑弘矣。**徹，達也。**敢辱郊使。請辭。」**辭郊勞。**致館，辭曰：「寡君命下臣來繼舊好，好合使成，臣之禄也。**得通君命，則於己爲榮禄。**敢辱大館。」**敢，不敢。**叔向曰：「子叔子知禮哉！吾聞【443-445】**〔一〕主也。**辭不忘國，忠信也。**謂稱舊好。**先國後己，卑【七四】讓也。**始稱敝邑之弘，先國也。次稱臣之禄，後己也。**《詩》曰：『敬慎威儀，以近有德。』夫子近德矣。」**《詩·大雅》。

秋，鄭公孫黑將作亂，欲去游氏而代其位，游氏，大叔之族。黑爲游楚所傷，故欲害其族。**傷疾作而不果。**前年游楚所擊創。**駟氏與諸大夫欲殺之。**駟氏，黑之族。**子產在鄙【450-451】**〔二〕**聞之，懼弗及，乘遽而至。**遽，傳驛。**使吏數【七五】之，**責數其罪。**曰：「伯有之亂，**在襄三十一年〔三〕。**以大國之事，而未爾討也。**務共大國之命，不暇治女罪。**爾有亂心，無厭，國不女堪。專伐伯有，而罪一也。昆弟爭室，而罪二也。**謂爭徐吾犯之妹。**薰隧之盟，女矯君位，而罪三也。**謂使大史書七子。**有死罪【456-457】**〔四〕**三，何以堪之？不速死，大刑將至。」再拜【七六】稽首，辭曰：「死在朝夕，無助天爲虐。」子產曰：「人誰不死。凶人不終，命也。作凶事，爲凶人。不助天，其助凶人乎？」請以印爲褚師。**印，子晳之子。褚師，市官。**子產曰：「印也若才，君將任之。不才，將朝夕從女。女罪之不恤，而【七七】**

（後缺）

〔一〕原拓此處大字闕文撫本作「之曰忠信禮之器也卑讓禮之宗也」，小字闕文撫本作「宗猶」，蓋一行之容。443 行與 445 行之間有拼接痕跡，當爲晚近之人重裝殘拓時將原屬葉七五之 445 行剪下補於葉七四闕損之第六行。

〔二〕450 行與 451 行之間有拼接痕跡，當爲晚近之人重裝殘拓時將原屬葉七六之 451 行剪下補於此。

〔三〕原拓「一」字上有黄筆竪畫標識，蓋古以雌黄塗改文字，故此處黄筆有删改之意，校讀者以注文當爲「在襄三十年」。

〔四〕456 行與 457 行之間有拼接痕跡，當爲晚近之人重裝殘拓時將原屬葉七七之 457 行剪下補於此。